AF591887

NOUVEAU SYSTÈME

DE

NOTATION MUSICALE

A

Madame et Mademoiselle

C.... et H.... de M*** de C***.

Joseph Raymond.

NOUVEAU SYSTÈME

DE

NOTATION MUSICALE.

SUIVI DU RAPPORT

FAIT AU

CONGRÈS SCIENTIFIQUE DE FRANCE

SUR

LE PREMIER ESSAI DE SIMPLIFICATION MUSICOGRAPHIQUE,

PAR

JOSEPH RAYMONDI.

(Avec trois Planches).

BIBLIOTHÈQUE ROYALE
1

PARIS

CHEZ LES PRINCIPAUX ÉDITEURS DE MUSIQUE.

1846.

CHAPITRE PREMIER

But de l'Auteur.

Je lis les paroles suivantes à la fin du rapport qui a été fait au congrès scientifique de France, sur mon premier Essai de simplification musicographique de 1843 : « Espérons » qu'en suivant cette marche, et avec les qualités qu'il pos- » sède, M. Raymondi pourra contribuer pour sa part aux » progrès d'un art qui nous est cher. Et peut-être voudrez- » vous bien, Messieurs, l'encourager dans ce louable dessein » en votant des remercimens et des éloges, qui seront pour » cet auteur la trop juste récompense de ses efforts. »

La conclusion flatteuse de ce rapport m'a engagé à suivre mes recherches, et à présenter, à la session de 1846, le résultat de mes travaux.

Fidèle au principe qu'en matière d'art un perfectionnement vaut mieux qu'une réforme, je ne proposerai que des innovations, qui ont pour base la simplicité et les exigences de l'habitude.

Pour qu'une innovation fût admissible, il faudrait, je crois, qu'elle réunît au moins vingt-cinq degrès de facilité rationelle, vingt-cinq de facilité matérielle, vingt-cinq d'évidence oculaire, et vingt-cinq de sympathie avec les habitudes acquises.

Lorsqu'une innovation quelconque présente des avantages éclatans pour une partie seulement, et aux dépens des autres, ce n'est qu'un changement de difficulté qu'on prend pour une amélioration; dans ce cas, il est beaucoup mieux de s'en tenir aux difficultés anciennes, parce qu'elles sont déjà franchies. Les systèmes proposés jusqu'à présent seraient tous excellens, si on les regardait d'un côté seulement: aux uns, on trouve cinquante degrés de facilité rationelle; aux autres, cinquante de facilité d'écriture; ceux-ci excellent par cinquante de facilité typographique, ceux-là ont pour mérite cinquante degrés de nouveauté; mais tout le reste est zéro ou à peu près; par conséquent, ils sont tous incomplets. Mon intention a été de chercher les quatre 25; je ne sais maintenant ce qui me manque pour faire le cent.

Un auteur français me disait dernièrement : « Mon cher ami, vous mettez la matière d'un gros volume dans quelques pages; ne faites pas une si grande économie de paroles, le papier est fait pour les recevoir, et les auteurs bienheureux vendent leur livre à l'aune comme de l'étoffe. Ils écrivent :

» — Oui?

» — Ah! oui.

» — Non?

» — Ah! non.

» Et voilà quatre lignes argent comptant. En ce moment, tout se fait à la vapeur; mettez-vous à la hauteur du siècle. »

Nonobstant ces bons conseils, que le lecteur soit indulgent, je lui ferai grâce de tout verbiage, et j'exposerai mon système avec confiance et concision.

Le rapport sur mon premier Essai sera inséré avec les réponses aux objections, et les opinions des journaux français et italiens.

Vu l'utilité que peuvent en tirer tous ceux qui auraient le désir de faire des innovations en matière musicale, l'analyse des systèmes anciens, sur laquelle le rapport a donné un jugement si favorable, sera reproduite à la suite de mon nouveau système.

CHAPITRE II.

Où est le mérite du système de Guido?

En quoi est-elle admirable l'invention de Guido? est-ce par rapport à la régularité de ses lignes, ou bien en faveur de l'ordre ascendant et descendant des notes? Voilà deux choses très-distinctes qu'on ne veut pas distinguer, et voilà comme souvent on accepte les mauvais moyens en faveur des résultats.

L'ordre ascendant et descendant des notes a été pour Guido le *punctum quo sistam*, pour arrêter les sons sur le papier de la manière la plus saillante; mais les lignes n'ont été que l'instrument dont Guido s'est servi pour atteindre son but; il a fait pour sa découverte ce que chacun ferait pour la régularité de ses écritures; il a réglé le papier avec un certain nombre de lignes parallèles très-rapprochées, pour y tracer bien nettement le plan de son invention, sans plus songer ensuite à le dégager d'un appareil aussi embarrassant et compliqué.

L'idée de peindre les sons en direction ascendante oblique a été si heureuse, que, probablement, dans son contentement, il ne se soucia plus des inconvéniens que pouvaient avoir ces lignes. Il y avait trouvé le point d'appui pour remuer le monde musical, et, dans sa joie, il s'est endormi sur un levier de paille qui devait fléchir. Je pense que si l'on avait fait remarquer à Guido qu'avec les progrès de la musique ces lignes deviendraient très-incommodes, et qu'on lui eût proposé de les diminuer considérablement, il n'en aurait peut-être pas été fâché. Le système de Guido est un charmant enfant grandi dans son maillot, qui, après sept cents ans de croissance, étouffe dans ses langes et réclame sa délivrance.

Ce serait donc rendre hommage à l'auteur et interpréter ses intentions que de conserver précieusement ce qu'il y a de bon dans son système, et de remédier aux imperfections qui, certes, étaient peu de chose pour celui qui avait trouvé moyen de peindre ce qui n'a ni forme ni couleur; il n'avait pas moins de mérite que le premier qui a peint la pensée, les quantités et la nature.

CHAPITRE III.

Supériorité de la configuration sur le système de la multiplication des lignes.

Est-ce le nombre des lignes ou la configuration qui facilite la connaissance des notes ?

Supposons quelqu'un qui lise très-couramment la clé de *sol* et de *fa* : dites-lui d'apprendre une autre clé quelconque qui lui soit inconnue, ce fameux lecteur sera fort embarrassé, même après quelques exercices; d'où vient cette difficulté de lire les clés? De ce que les notes n'ayant pas changé de forme, on se fait difficilement l'idée d'un changement de nature. En effet, placez des A sur la portée, et figurez-vous qu'ils sont tantôt des B, tantôt des C, etc., rien ne sera plus difficile que cette lecture, parce que le nombre des lignes est moins frappant que la différence de forme. C'est là précisément ce qui arrive dans le système usité : le même signe représente différentes notes; un certain nombre de lignes qu'on n'a pas seulement le temps de compter indique un changement de nature !

Le principe des lignes est la source de toutes les difficultés qu'on rencontre dans le système usité.

Voici plusieurs exemples :

1° Deux notes de la même nature, telle que les octaves, ont une position différente (à cause des lignes);

2° Deux notes qui ne sont pas de la même nature ont une position semblable d'après la clé (à cause des lignes);

3° L'emploi de plusieurs clés est très-embarrassant (à cause des lignes);

4° Une seule note traîne avec elle cinq ou six traits (à cause de la régularité des lignes);

5° Sept notes qui ont la même nature à chaque octave sont représentées par quarante-sept positions différentes (à cause des lignes);

6° Les barres des valeurs sont énormément larges (à cause des lignes);

7° Les notes blanches font mal aux yeux (à cause des lignes);

8° Enfin, la difficulté de lire, d'écrire, d'imprimer et de graver la musique, est encore une conséquence du principe de la multiplication des lignes. Voici quelques exemples :

Vous avez une gamme de notes additionnelles très-aiguës ; vous n'avez pas compté que le *do* aigu a cinq lignes et six espaces, que le *si* a cinq lignes et cinq espaces, etc., etc. ; vous avez lu et joué votre musique sans compter toutes ces lignes et ces espaces, et cependant il a fallu les écrire et les graver, ce qui serait inutile si l'on ne tenait pas à cette prétendue régularité des lignes. Encore un exemple :

Vous avez un mélange d'intervalles, de quarte, de quinte, de sixte, etc. En lisant la musique aussi rapidement qu'il le faut, vous êtes-vous rendu compte qu'entre telle et telle note il y avait trois lignes et deux espaces, ou bien trois espaces et deux lignes, formant une quinte ; qu'entre telle et telle autre note il y avait quatre lignes et trois espaces, ou bien quatre espaces et trois lignes formant une septième ? Certes, vous n'avez pas eu le temps de supputer tout cela, et cependant vous avez lu, chanté et joué votre musique. Cela prouve qu'il y a une *tout autre cause* qui vous a fait distinguer si rapidement les notes. Cela prouve que l'on reconnaît le nom de la note avant de reconnaître ses rapports d'intervalles ; donc la régularité des lignes est souvent illusoire, souvent nuisible, et toujours incommode. Il s'ensuit de cela qu'une configuration simple doit nécessairement favoriser la connaissance des notes. Une preuve, c'est qu'on reconnaît la note avant tout, même dans un système de configuration très-compliquée, car, au bout du compte, le système usité n'est autre chose qu'un système de configuration qui donne à chaque note un certain nombre de lignes, au lieu d'une tout autre forme plus simple ; c'est la comparaison des chiffres romains et des chiffres actuels. (Voir le chap. 4, *Anomalies*.)

Une autre preuve que la supériorité de la configuration se fait sentir partout et toujours, c'est que les élèves retiennent plus facilement les deux premières notes au-dessus de la portée, précisément par la raison qu'elles ont une forme qui les fait distinguer de toutes les autres; c'est dans ces notes-là que le système des lignes se rapproche du système de configuration, et c'est là qu'il devient plus simple et plus facile.

En vérité, il est étonnant de voir sanctionner par des gens raisonnables un principe de régularité qui nous force aux irrégularités les plus complètes, qui nous oblige à franchir des difficultés rationelles et matérielles, et qui nous fait représenter les signes de la mélodie en désaccord avec l'harmonie.

Où est le mal, si, en mettant de côté le principe des lignes, on gagne en facilité rationelle, matérielle et en évidence?

La simplicité des résultats ne peut-elle pas prévaloir sur la régulière complication d'un principe? ne pourra-t-on jamais secouer la tyrannie des vieilles habitudes? Pour que les habitudes soient satisfaites et le but atteint, il faut voir alors si ce même principe des lignes ne pourrait pas devenir lui-même le plus simple des systèmes de configuration. Essayons.

CHAPITRE IV.

Trois Anomalies.

Première Anomalie. — Il y a des choses très-inconséquentes qui sont acceptées avec un enthousiasme étonnant, tandis que d'autres mieux raisonnées sont rejetées avec une légèreté incroyable. On sait que les notes étaient placées sur les lignes seulement, que, par conséquent, en espaçant un peu deux portées de sept lignes, on aurait pu obtenir l'uniformité de position des octaves. Quand on a proposé de placer les notes aussi dans les espaces, on a trouvé cela admirable et délicieux. Pouvait-on se réjouir d'une inconséquence si grave ? Pour gagner un peu d'espace, on a multiplié les difficultés de la lecture et de l'étude de la musique, comme il résulte du chapitre précédent. Voulant placer régulièrement les notes sur les lignes et les espaces, l'uniformité des octaves devient impossible, par la raison que les notes sont au nombre de sept, et que le nombre sept n'est divisible ni par deux, ni par trois, ni par moitié.

Certes, cette innovation a été plus heureuse qu'elle ne le méritait.

Deuxième Anomalie.—Comme nous avons déjà vu, le système de la multiplication des lignes n'est autre chose qu'un système de configuration très-compliqué, qui, au lieu de donner une forme spéciale aux notes, leur donne un tel nombre de lignes ; c'est à peu près comme un enfant qui, voulant vous écrire le nombre six, vous ferait six barres au lieu d'un chiffre. Nous faisons en musique ce que les Romains faisaient pour leurs chiffres; ils écrivaient

M D C C C X L V I pour exprimer 1846!!!.....

Nous faisons trente-deux signes pour exprimer huit notes. (Voir planche X, fig. O.)

Troisième Anomalie.—Comme, en général, tout se fait par la force de l'habitude, peu de personnes ont remarqué que les signes des valeurs usitées sont en opposition directe avec la rapidité musicale, la facilité et la vitesse avec laquelle il faudrait pouvoir écrire. Plus la musique est accélérée, plus il y a de barres à faire, plus il y a de notes à tête noire qui sont beaucoup moins expéditives que les notes à tête blanche. L'analogie entre la vitesse musicale et la promptitude de l'écriture exigerait que l'on exprimât les valeurs en sens tout à fait inverse, c'est-à-dire que la note musicale la plus longue, telle que la *ronde*, eût la tête noire et quatre croches, que la *blanche* eût la tête noire et trois croches, ainsi de suite, et qu'enfin la note la plus courte fût écrite comme la plus longue du système usité. Cette anomalie existe, mais il faut la laisser ; on ne peut pas renverser les habitudes, il faut tâcher seulement de les améliorer.

CHAPITRE V.

Portée et Notes.

Deux seules lignes parallèles composent la nouvelle portée ; elles sont éloignées l'une de l'autre autant que la première et la quatrième de la portée ancienne, soit de la seconde en bas à la première en haut. Cette portée est suffisante pour le chant, on y a l'étendue de dix-sept notes, et plus au besoin. Les lignes additionnelles sont devenues inutiles. Pour les instrumens, la portée est de trois lignes ; on a naturellement une étendue de vingt-trois notes. Une portion de ligne tirée entre deux portées donne au besoin plusieurs notes encore.

Dans le cas où l'on n'aurait que du papier blanc, il est facile à tout le monde de le régler comme le papier des écoliers ; au contraire, dans le cas où l'on n'aurait que du papier d'écolier tout réglé, soit que l'on veuille écrire pour le chant ou pour les instrumens, on n'a qu'à pointer avec la plume chaque troisième ou chaque quatrième ligne.

La chose est d'une facilité incontestable dans l'urgence; ce qui n'est pas dans le système ancien, avec ce parallélisme multiplié.

Pour ce qui concerne la musique gravée, toute observation est inutile. Le graveur n'est qu'un copiste qui doit tracer sur le plomb ce qu'on lui donne écrit sur le papier.

Dans mon système, la configuration remplace le nombre des lignes.

Les notes cependant sont identiques aux anciennes en position, en forme et en couleur; elles ont la même position des notes de la clé de *sol* usitée, sans en avoir toutes les lignes. Il est à remarquer qu'il n'y a que deux formes pour distinguer les quarante-sept notes du clavier. L'ordre ascendant et descendant est conservé sans la multiplicité des lignes; et les sept notes sont bien régulières et bien distinctes, sans avoir besoin de sept formes différentes. Il suffit de les voir pour admettre leur simplicité et leur évidence. Au lecteur à en juger. (Voir planche X, fig. A.)

CHAPITRE VI.

Clés et Accidens.

Une petite ligne ascendante représente les dièzes; la même petite ligne descendante indique les bémols; le double pour les accidens doubles, et deux petits points pour le béquarre. Par leur direction, ils expriment l'ordre ascendant et descendant des demi-tons. L'analogie n'est pas à dédaigner; ils sont plus simples, plus rationels, et en même temps moins équivoques que les anciens, parce qu'ils sont attachés à la note même, et qu'on ne risque pas de se tromper de ligne ou d'espace, soit en lisant, soit en écrivant, comme il arrive très-souvent. Une lettre de Herz m'autorise à les croire meilleurs que les anciens. Ils sont faciles à écrire et faciles à graver; un seul poinçon suffit pour quatre accidens.

A la page 37, l'article clé est assez longuement traité pour que je puisse briser là-dessus.

La clé est numérotée selon le degré d'élévation des notes dans le clavier, et elle est constamment placée sur la première ligne de la portée. Cette même clé non numérotée peut être placée sur les autres lignes de la portée; dans ce cas, c'est un moyen d'indiquer que tel octave qui suit est uniforme à la position des notes de l'octave de la clé numérotée. Cette clé d'uniformité recule l'octave d'une seule note pour obtenir la ressemblance de position, si on le désire; c'est un petit agrément du système de configuration. Cela est impraticable dans le système usité, attendu que la clé, placée sur la seconde, troisième et quatrième ligne, ne pourra jamais être considérée comme étant sur la première. Du reste, les notes sont si frappantes et distinctes par leur forme et position, et les intervalles sont si évidens et saisissables, que l'uniformité des octaves devient ici un avantage de second ordre. (Voir chapitre suivant.)

CHAPITRE VII.

De l'évidence des intervalles.

L'évidence des intervalles, au moyen des lignes et des espaces, est bien souvent illusoire, comme nous l'avons déjà vu au chapitre 3. Il ne faut pas croire que parce que les distances sont régulières et que les intervalles sont matériellement indiqués, ils soient par là bien évidens. La régularité existe sur le papier, c'est vrai, mais dans la lecture rapide elle est insaisissable. La connaissance des intervalles est strictement liée à celle des notes ; on reconnait la note avant d'avoir conçu ses rapports d'intervalles. Par conséquent, plus il y a facilité à reconnaître la note, plus il y en a à reconnaître les intervalles, ce qui est très-important.

Le système de configuration doit présenter par cela un avantage réel sur le système des lignes.

On a déjà vu que toutes mes notes n'ont que deux formes, les unes rondes et les autres barrées. Tous les intervalles impairs se trouvent représentés par deux notes de la même forme, et tous les intervalles pairs sont indiqués par deux notes de différentes formes. Cette distribution frappe l'œil instantanément, et c'est là un avantage immense que mes juges sauront bien apprécier.

La régularité des intervalles est inconciliable avec l'uniformité des octaves, et celle-ci est inconciliable avec la régularité des intervalles ; l'un vaudrait bien l'autre, mais la régularité matérielle des uns semble prévaloir sur la régularité rationelle des autres.

En rendant les intervalles bien évidens, on sera compensé des avantages que présenterait l'uniformité des octaves. (Voir planche X, fig. A, F, J, L.)

CHAPITRE VIII.

De l'indication de la mesure, par L.-F. ROSSI.

Pour cette partie essentielle de la musique, je renvoie le lecteur à la page 43.

Cette méthode m'avait été communiquée, en 1843, par L.-F. Rossi, professeur de musique à Turin, où le mérite de ses compositions lui a valu une bien juste renommée.

C'est à ce professeur estimable et estimé que les Turinois doivent la fondation d'une école mutuelle de musique d'après la méthode de Wilhem.

Les améliorations incontestables qu'il a apportées à cette méthode laissent désirer que, dans l'intérêt des jeunes élèves, elles soient accueillies en France, où l'on sait tout apprécier, et honorer le bon de tous les pays.

L'honorable fondateur du gymnase lyrique de la ville de Turin est l'homme qui, pouvant briller par son talent et son érudition, n'aspire qu'à se dévouer à l'utilité publique,

C'est une gloire bien précieuse que celle de recueillir les lauriers de la reconnaissance de sa patrie.

CHAPITRE IX.

Des valeurs.

Les valeurs des notes sont exprimées de la manière indiquée à la page 40. Le jugement très favorable qui a été donné par le congrès scientifique de France m'engage à ne rien changer aux valeurs de mon premier essai. Voici ce qui a été dit dans le rapport.

« L'auteur du mémoire arrive à diminuer les barres des » valeurs en diminuant de moitié la valeur de chacune des » notes musicales. Ainsi, dans son système, la ronde vaut » une blanche, la blanche une noire, la noire une croche, la » croche une double croche, celle-ci une triple croche, etc. » Pour compléter ce système, il n'y a qu'à substituer une » nouvelle note à la ronde de la méthode actuelle, et c'est » ce qu'il fait. Cette innovation très-ingénieuse simplifie » évidemment l'écriture musicale. C'est une économie im» mense de barres dans tel morceau où les doubles et tri» ples croches jouent un grand rôle. Ce serait une facilité » incontestable apportée à la lecture de la musique, et tous » y gagneraient, compositeurs, copistes et exécutans. »

CHAPITRE X.

Les notes blanches sont-elles favorables ou nuisibles à la vue ?

Les notes blanches troublent la vue, disent les uns et les autres, sans avoir examiné les causes. Voici scrupuleusement les résultats de mes expériences, d'après des gravures faites exprès :

1° Les notes blanches employées comme devant représenter les accidens (comme, par exemple, dans le système de Gambale) sont inadmissibles, soit dans les systèmes qui ont une portée de plusieurs lignes, soit dans ceux qui n'en ont qu'une. La raison en est que les blancs et les noirs se trouvent entremêlés d'une manière trop irrégulière, spécialement dans une suite d'accords. Là, on y verrait des blancs placés plus haut, plus bas, à droite, à gauche, à tort et à travers, tantôt deux blancs et deux noirs dans un même accord, tantôt un blanc et trois noirs, ou trois blancs et un noir, etc.; ce serait un chaos de blanc et noir très-désagréable à l'œil.

2° Les notes blanches employées comme devant représenter des valeurs, dans un système multilinéaire, comme le système usité, sont en plusieurs circonstances nuisibles à la vue; de manière qu'il faudrait plutôt diminuer les valeurs blanches que les augmenter. Voici la raison physique : De petites lignes courbes ou des petits ronds blancs sur des lignes droites parallèles très-serrées, composent une grande quantité de petits angles aigus ou obtus, des pleins et des vides, des parties blanches et des parties noires. Ce tout mêlé ensemble produit un effet d'optique qui fatigue l'œil. Les notes noires sont donc préférables aux blanches dans le système usité, soit employées comme accidens, soit comme représentant des valeurs.

C'est aussi à cause des cinq lignes de la portée qu'on fait de grosses barres pour les valeurs, tandis que dans une portée blanche elles sont toutes évidentes, quoique très-minces.

3° Les notes blanches mêlées aux noires (et employées comme valeurs), dans un système à portée blanche, sont très-évidentes; elles ont le privilège de soulager considérablement l'œil, fatigué à prêter toute son attention à la connaissance rapide des notes; elles aident le lecteur à ne pas perdre de vue le point de lecture, et à le retrouver facilement lorsqu'il s'est égaré, ce qui arrive fréquemment dans les morceaux de musique où il y a un mélange prolongé de croches, de doubles et de triples croches. Le blanc et le noir, dans ces cas-là, produit un excellent effet, surtout dans les accords où les notes blanches et les notes noires se trouveraient rangées par quatre.

Il en est pour la lecture de la musique presque comme d'un livre : les longues pages bien serrées, bien complètes, sont fatigantes à lire, et on s'y perd facilement. Si, au contraire, il y a de temps en temps quelques lignes en blanc ou non complètes, l'œil en est satisfait, et l'on trouve aisément son point de départ lorsqu'on s'est égaré.

CHAPITRE XI.

Les notes blanches doublent la vitesse de l'écriture.

Les notes à la tête noire sont beaucoup plus longues à écrire que les blanches. Les notes noires sont des zéros remplis d'encre à force de tour de plume. Les notes blanches sont tout simplement des zéros. Or, quelle différence dans la vitesse, que d'écrire un zéro ou bien une note noire, qui est composée de plusieurs zéros l'un dans l'autre.

Deux individus qui feraient, montre à la main, l'un des notes blanches, l'autre des notes noires, celui-ci aura fait mille notes noires pendant que l'autre aura fait dix mille beaux zéros. C'est une différence que doivent apprécier les compositeurs et les improvisateurs dans leurs inspirations, sans parler des amateurs et des copistes.

Qu'une personne fasse seulement une bonne page bien serrée d'accords à quatre notes noires chaque, et que telle autre fasse en même temps la même chose en notes blanches, et l'on verra si la différence de célérité mérite d'être appréciée.

CHAPITRE XII.

Une simple proposition de valeurs blanches.

Je désire soumettre au congrès de 1846 une modification aux signes de valeurs, qui aura pour but d'augmenter la vitesse de l'écriture, et de favoriser l'organe de la vue, quoique les routiniers puissent être d'un avis contraire.

Toujours fidèle à mon principe de m'écarter le moins possible de ce qui est connu, et dont on a acquis l'impérieuse habitude, je comptais ne rien changer aux quatre premières valeurs. Voilà déjà quelque chose que tout le monde me fera l'honneur d'adopter sans difficulté. Reste la double, triple et quadruple croche : Quel moyen employer pour diminuer ces grosses et nombreuses barres, pour rendre ces notes plus faciles à écrire, à graver, et plus sympathiques aux yeux de tout le monde, sans s'écarter de ce qui est usité? Voici mon idée :

Les notes blanches et les notes noires sont déjà adoptées comme signes des valeurs; eh bien! ne pourrait-on pas s'en servir d'une manière plus complète et plus utile? Les deux premières sont blanches, les deux secondes sont noires; quel inconvénient y aurait-il à admettre le blanc pour deux autres encore?

Les quatre premières valeurs sont connues; reste seulement à se familiariser avec la double et triple croche, qui auraient la tête blanche et une barre de moins que les anciennes. Le changement est très-peu de chose, la difficulté n'est pas grande, et les avantages sont considérables, comme il résulte des chapitres précédens : 1° diminution des barres; 2° facilité d'écriture; 3° soulagement de la vue; 4° peu de changement aux habitudes, puisque les quatre premières valeurs sont intactes.

Si l'on voulait s'écarter un peu des habitudes, ce qu'il y aurait de plus simple, ce serait de se servir alternativement des notes blanches et des notes noires, l'une valant la moitié de l'autre. Cette régularité aurait ses avantages; mais glissons, n'appuyons pas. (Voir planche X, fig. Q, R.)

CHAPITRE XIII.

De la facilité d'écrire.

Je m'attends à deux objections : l'une qu'il faudra calculer les distances pour écrire mes notes, l'autre qu'il y a deux notes à barrer dans la portée.

Je réponds à la première en priant le lecteur de lire la note de la page 35, et ensuite en lui indiquant deux moyens d'éviter toute incertitude dans l'écriture :

1° De se tenir plutôt près des lignes de la portée que dans le centre;

2° De barrer les deux notes en question de préférence à leur périphérie, et l'une en sens contraire de l'autre.

Voilà le doute bien éclairci. Du reste, ces précautions sont inutiles.

A la seconde objection, je réponds : 1° que deux notes à barrer sur neuf c'est bien peu de chose; 2° pour deux coupures dans la portée, on en épargne des milliers dans les notes additionnelles.

Ce serait vraiment s'attacher à très peu de chose, et ne pas tenir compte des avantages en facilité de lecture, en évidence et en diminution de signes, de barres, d'accidens, de notes additionnelles, etc., etc.

Quelqu'un a dit que les lignes de la portée sont faites exprès pour épargner de couper chaque note. Celui-là n'a pas réfléchi que le principe fondamental du système usité c'est le nombre des lignes. Si les trois lignes intermédiaires n'étaient pas faites d'avance, il arriverait qu'il faudrait couper chaque note non pas seulement une fois, mais deux, trois et quatre fois, c'est-à-dire faire dans la portée ce que l'on est obligé de faire pour les notes qui sont au-dessus ou au-dessous de la portée, conséquence nécessaire du principe de la multiplication des lignes. Dans mon système, un seul trait suffit pour toutes les notes, parce que la base de cette notation c'est la forme, et non plus le nombre des lignes.

Pour répondre à ceux qui trouvent des difficultés à tout, je dirais encore que pour ces deux notes-là et celles qui se trouvent sur les lignes de la portée, il suffit de faire le trait sans la note, ce qui double la vitesse de l'écriture; d'après cela, si dans un morceau de musique il y a beaucoup de notes à barrer, l'on gagne en vitesse. Mon système de notes barrées est plus facile pour l'écriture que les simples notes du système usité, c'est une vérité qui semble une contradiction, mais qui est prouvée par l'expérience. (Voir planche, X, fig. H, J, L, O.)

CHAPITRE XIV.

Innovations faites au système usité.

1° Unité de clé ;
2° Simplicité des accidens ;
3° Suppression de trois lignes dans la portée ;
4° Suppression des lignes additionnelles ;
5° Régularité saillante des intervalles ;
6° Diminution des barres des valeurs ;
7° Facilité d'écrire ;
8° Facilité calcographique et typographique ;
Le tout avec grandissime ressemblance à ce qui est déjà connu.

BIBLIOTHÈQUE ROYALE

FIN.

CONGRÈS SCIENTIFIQUE DE FRANCE

CINQUIÈME SECTION

Littérature et Beaux-Arts.

PROCÈS-VERBAUX DES SÉANCES.

Cinquième séance. — Du 6 septembre 1843.

Rapporteur : M. GOGUEL, vice-président.

M. le secrétaire donne lecture du procès-verbal de la dernière séance, qui est adopté sans réclamation.

M. Chénuau aîné, avocat à Angers, membre de la section, est appelé à la tribune, pour y donner lecture d'un ouvrage sur la musique. Ce rapport, très-clair, très-lumineux, donne une idée parfaitement exacte du système de M. Raymondi, système supérieur, par sa simplicité, à tous ceux qui l'ont précédé, et qui peut être adopté avec succès pour l'usage habituel.

Rapport sur l'Essai de Notation musicale de M. RAYMONDI,

Par M. CHENUAU aîné, Avocat près la Cour royale à Angers.

Messieurs,

M. Joseph Raymondi, a fait l'envoi au Congrès d'un mémoire intitulé : *Essai de simplification musicographique, avec un précis analytique des principaux systèmes de notation musicale proposés depuis le XVIe siècle.*

C'est sur cet ouvrage que j'ai l'honneur de présenter ce rapport à votre section.

Les beaux-arts, Messieurs, sont les fils de la civilisation. Chez les anciens, comme dans nos sociétés modernes, la musique, la peinture, la sculpture ont été florissantes partout où le progrès a amené le culte du beau. Ne soyons donc point surpris qu'au XIXe siècle, à notre époque de civilisation et de progrès, si jamais il en fût, la musique occupe un rang que personne assurément ne voudrait lui contester. C'est un des besoins de notre époque, et si les théories politiques, sociales, philosophiques produisent dans les hautes régions des controverses chaleureuses, les questions musicales, elles aussi, dans une sphère moins élevée ou plus modeste si l'on veut, ne rencontrent pas moins les sympathies des classes intelligentes. Je n'en veux pour preuve que l'empressement avec lequel chaque soir la foule se porte à l'Opéra, aux Italiens, aux concerts, où elle doit entendre la musique de nos grands maîtres.

Ceci posé, on comprend sans peine que la musique, comme les autres sciences et les autres arts, occupe les méditations des savans et devienne parfois l'objet d'améliorations et de réformes... Il en est ainsi de tout. La perfectibilité est de l'essence même des ouvrages des hommes, et pas plus que les autres arts, la musique n'a atteint l'apogée de sa perfection.

C'est sous l'inspiration de cette pensée que M. Raymondi a rédigé le mémoire dont nous avons à vous entretenir. Une intention excellente, disons-le tout d'abord, a dirigé l'auteur dans l'exposé de son système. Il a voulu faciliter l'étendue de la musique, en rendre les progrès plus faciles, et pour arriver, à ce but, il s'est attaché à simplifier le plus possible les signes de convention qui reproduisent les pensées musicales.

Déjà bon nombre d'essais de ce genre ont été tentés depuis le XVIe siècle. Sauveur, Demotz de la Salle, J.-J. Rousseau et autres, ont successivement proposé des systèmes plus ou moins heureux, soit de sténographie, soit de notation musicale. M. Raymondi les passe en revue tour à tour dans la première partie de son mémoire, et en fait une critique aussi judicieuse qu'éclairée. Je crois fondés les reproches qu'il leur adresse, et je pense que leur substitution au mode de notation usité jusqu'ici, loin d'engager à l'étude de la musique par une prétendue simplification des signes musicographiques, ne pourrait que rendre cette étude plus pénible par l'imperfection même des méthodes proposées.

Le système de M. Raymondi est-il propre à mieux remplir le but ? et d'abord en quoi consiste ce système ?

Pour le bien comprendre, il faut se rappeler la méthode musicographique adoptée jusqu'à présent. Il y a, comme chacun le sait, sept sons primitifs pour la musique, comme il y a sept couleurs primitives pour la peinture. Ces sept sons forment la gamme naturelle composée de cinq tons et deux demi-tons ; ils se divisent en douze demi-tons qui, au moyen des dièses et doubles dièses, des bémols et des doubles bémols, etc., peuvent avoir eux-mêmes un tel nombre de subdivisions qu'il ne soit plus possible à la faiblesse de nos organes de les saisir. Ces sons, dans le système actuel, sont représentés par des notes écrites sur une certaine série de lignes droites horizontales. Cinq lignes composent la portée, mais en dehors de la portée se trouvent encore un nombre indéfini de lignes d'emprunt, dont l'adjonction a pour effet de permettre d'écrire une foule de notes qui ne peuvent trouver place dans la portée, parce qu'elles sont plus ou moins élevées qu'elle.

A ce système, dont il reconnaît les excellentes bases et qu'il préfère à tous ceux essayés depuis le XVIe siècle, M. Raymondi propose les modifications suivantes :

Je ne ferai remarquer que les *principales*, afin d'économiser les momens de la section, dont peut-être beaucoup de membres ne s'occupent pas d'études musicales.

M. Raymondi propose :

1° De supprimer trois lignes sur les cinq de la portée du système usité ;

2° De joindre les accidens, dièses, bémols, bécarres à la note même qu'ils sont destinés à modifier, au lieu de les écrire séparément et avant cette note, comme l'on a fait jusqu'ici ;

3° De répéter ces accidens à toutes les notes modifiées, alors même qu'elles se retrouvent plusieurs fois dans la même mesure ;

4° D'adopter une clé unique pour toute la musique écrite ;

5° Enfin de diminuer considérablement les barres des valeurs.

(*Je ne m'explique pas pourquoi l'on n'a pas signalé les avantages notables de l'uniformité des octaves ; cette omission importante me porte à croire que le rapport n'a pas été imprimé fidèlement comme M. le rapporteur l'avait fait. Une lettre officielle du congrès m'a dit : « Nous pensons qu'il vous suffit d'être instruit que le rapport vous est tout-à-fait favorable. » Le procès-verbal vient à l'appui de cela, et puis je trouve dans le second volume des omissions graves et des erreurs de fait qui sautent aux yeux de tout le monde.*)

Comment M. Raymondi entend-il l'exécution de ces changemens, et quelles objections peut-on lui faire ?

La suppression de trois lignes dans la portée actuelle réduit la nouvelle portée à deux lignes parallèles horizontales, qui sont éloignées l'une de l'autre autant que la première et la dernière ligne de la portée ancienne. En retranchant à l'ancienne portée les trois lignes intermédiaires on a la nouvelle portée de deux lignes.

Les notes sont écrites entre cet espace de deux lignes avec une forme et une position analogue à l'ancienne.

M. Raymondi prétend que l'exécutant pourra, avec plus de facilité, déchiffrer les notes au moyen de la suppression des trois lignes intermédiaires. Sur ce point, nous ne partageons pas complètement son avis. En effet, les trois lignes qu'il veut supprimer servent à déterminer et à fixer régulièrement les distances.

(*La régularité de distances existe sur le papier, c'est très-vrai, mais elle est illusoire dans la lecture rapide ; voir le chapitre de l'évidence des intervalles.*)

De plus, les notes sont placées ou sur chacune de ces lignes ou dans les espaces intermédiaires, en sorte que chaque ligne, chaque espace est consacré à une note distincte et séparée, et dès que le musicien aperçoit la ligne, il reconnaît la note.

(*J'ai précisément signalé la difficulté de reconnaître la note dans le chapitre 2, page 35. — J'ai fait remarquer aussi à la page 60 que le rapprochement et le parallélisme des lignes de la portée ancienne font que l'on confond souvent les notes des lignes avec celles des espaces à côté ; cela arrive principalement dans la musique écrite, à cause de la célérité et de l'inexactitude des copistes, etc. J'engage maintenant le lecteur à parcourir le chapitre de la supériorité du système de configuration sur le système de la multiplication des lignes.*)

Dans le système proposé, au contraire, il faudra supputer, calculer, par approximation la distance, qui ne sera plus réglée par des signes invariables avant de reconnaître la note.

(*La supputation des lignes n'a rien de commun avec mon système de configuration des notes, comme tout le monde peut facilement vérifier, soit sur la 2ᵉ planche soit à la page 35. C'est là une erreur de fait que je ne puis com-*

prendre. Elle est d'autant plus inconcevable que le procès-verbal, la conclusion du rapport, et deux lettres officielles du congrès, sont en contradiction avec cette objection de supputation de lignes, car si elle était juste, mon premier système ne serait pas supérieur à tous ceux qui ont été faits jusqu'à présent, comme il est dit dans le procès-verbal, mais il serait de beaucoup inférieur à tous. Je ne sais comment m'expliquer cette frappante contradiction. Dans l'intervalle de plusieurs mois qu'il y a eu entre la publication du volume des procès-verbaux et le volume des rapports et mémoires, est-ce que par hasard quelque fonctionnaire de l'imprimerie, adversaire des innovations musicales, aurait eu le mauvais esprit de supprimer les avantages incontestables de l'uniformité des octaves, d'altérer le rapport et d'y insérer son objection, qui prouve qu'il n'a pas lu mon ouvrage? Voir la page 35, où je dis : Dans le système simplifié, sans avoir besoin de compter les lignes, l'on reconnaît les notes au premier coup d'œil, parce qu'elles se distinguent par leur position et en même temps par leur configuration très-simple, etc. Que le lecteur juge.)

Et puis, remarquons-le bien, cette suppression de trois lignes augmente considérablement la difficulté d'écrire la musique, et à supposer que l'inconvénient ne se rencontre pas dans la musique imprimée, ne pourra-t-il pas du moins se faire sentir souvent, lorsqu'un copiste un peu pressé n'aura pas eu le temps de calculer la distance des notes à l'une et l'autre des deux seules lignes tracées ?

(*La réponse est toute faite dans la note de la page 35.*)

On est d'accord sur ce point que les notes écrites au-dessus ou au-dessous de la portée sont en général moins faciles à lire que celles qui figurent dans la portée même.

(*A l'exception des trois premières que les élèves saisissent plus principalement que les autres, voir page 36.*)

Or, M. Raymondi écrit les notes de la portée d'une manière analogue à celles qui aujourd'hui, et d'après le système usité, figurent en dehors de la portée.

(*Toujours comme les deux premières, par la raison donnée page 36.*)

Qu'en conclure ? évidemment que l'innovation proposée ne remplit pas exactement le but de son auteur, quant aux notes de la portée.

(*Voir page 36. — Cette remarque m'a engagé à détruire le parallélisme de lignes de la portée, et à caractériser chaque note par une configuration semblable à celle des premières notes additionelles.*)

Il est vrai que le système de M. Raymondi permettrait de supprimer les lignes additionnelles multipliées, ou les lignes d'emprunt en nombre indéfini, et ce résultat offrirait des avantages. Mais, ne peut-on, tout en adoptant cette méthode pour les notes écrites hors de la portée, conserver les cinq lignes si évidemment utiles et nécessaires du système usité ?

M. Raymondi supprime en quelque sorte les dièses, bémols et bécarres, pour les remplacer par des accidens adhérens à la même note. Le signe accidentel est un simple trait dont la direction exprime avec beaucoup d'analogie, il est vrai, l'ordre ascendant ou descendant des demi-tons. Cette ressource présente assurément son bon côté, elle économise l'espace en faisant disparaître les signes qui se rencontrent fréquemment entre les notes, et qui, lorsque la musique est déjà très-chargée, peuvent devenir un obstacle à la facilité de la lecture. Mais peut-être aussi, en reportant les accidens sur la note même, y a-t-il parfois un peu de surcharge pour cette note; lorsque, par exemple, une série de doubles ou triples croches accidentées se rencontre dans une même phrase, le trait indicatif de l'accident qui, d'après le système proposé, vient pour chaque note s'ajouter à la ligne qui déjà forme la queue de cette note, peut produire une certaine confusion, notamment dans la musique copiée.

(*L'exemple donné dans la figure 5, planche 2°, est tout ce que l'on peut trouver de plus compliqué, et cependant la différence entre les deux systèmes est très-considérable.*)

Cette remarque s'applique d'autant mieux au système, que M. Raymondi répète les acidens d'une manière constante à toutes les notes accidentées, tandis que dans la méthode actuelle on s'en dispense pour les notes de même degré qui se trouvent dans la même mesure.

Il faut, toutefois, reconnaître que la répétition des accidens est fort utile, et savoir gré à M. Raymondi de l'avoir fait figurer dans ses projets de réforme.

L'adoption d'une clé unique pour toute la musique écrite est aussi un bon projet. Il est certain, comme le dit M. Raymondi, que dans le système usité l'insuffisance, la portée et la multiplicité des lignes additionnelles, obligent à faire usage de plusieurs clés à la fois, ce qui est d'une grande difficulté dans l'étude et dans la lecture de la musique. Le système simplifié, tel qu'il est expliqué dans le mémoire, pourrait conduire à cette unité de clé dont les harpistes et les pianistes surtout apprécieraient bien vite les avantages.

Assurément la lecture de la musique y gagnerait beaucoup, et elle acquerrait une extrême simplicité si cette réforme pouvait être mise à exécution.

L'auteur du mémoire arrive à diminuer les barres des valeurs en diminuant de moitié la valeur de chacune des notes musicales. Ainsi, dans son système, la ronde vaut une blanche, la blanche une noire, la noire une croche, la croche une double croche, celle-ci une triple croche, etc. Pour compléter ce système, il n'a qu'à substituer une nouvelle note à la ronde de la méthode actuelle, et c'est ce qu'il fait. Cette innovation très ingénieuse simplifie évidemment l'écriture musicale. C'est une économie immense de barres dans tel ou tel morceau où les doubles et triples croches jouent un grand rôle. Ce serait une facilité incontestable apportée à la lecture de la musique, et tous y gagneraient, compositeurs, copistes et exécutans.

Tels sont, Messieurs, les principaux projets de réforme ou plutôt d'amélioration que nous avons remarqués dans le mémoire de M. Raymondi. Il a pensé, et nous pensons avec lui, que la science musicale a encore des progrès à faire, et ces progrès il a voulu les hâter en appelant la discussion sur les améliorations qu'il propose. C'est une noble tâche, et M. Raymondi, il faut le dire en terminant, l'a comprise et remplie en homme consciencieux et éclairé. On ne rencontre point dans son mémoire de ces propositions peu méditées ou trop hardies, que la prudence conseille de rejeter sans même leur faire l'honneur de les discuter. Novateur, il est vrai, mais en même temps animé d'un esprit de réserve et de modération, l'auteur, à en juger par cet ouvrage, semble avoir compris qu'en matière d'art un perfectionnement vaut presque toujours mieux qu'une réforme. Aussi, à la différence des projets proposés, celui-ci ne repousse point le système de notation musicale usité jusqu'ici; il offre, selon les propres expressions de l'auteur, les traces des améliorations que l'on peut faire à chaque branche du système musicographique actuel, sans s'éloigner de ce qui est connu et reçu.

Espérons qu'en suivant cette marche, et avec les qualités qu'il possède, M. Raymondi pourra contribuer pour sa part aux progrès d'un art qui lui est cher. Et peut-être voudrez-vous bien, Messieurs, l'encourager dans ce louable dessein en votant des remercîmens et des éloges qui seront pour cet auteur la juste récompense de ses efforts.

Observations sur le système de M. Raymondi.

Page 12..... « La nature de notre musique qui est substantiellement diatonique. »

M. Raymondi, qui me cite, n'a donc pas lu mon chapitre de la formation de la gamme chromatique, dans lequel je montre que les sons

0 ..... 3 4 5 ... 7 8 9 12
ut ..... *bé, mi, fa,* ... *sol, lé, la* ...... *ut*

résultent naturellement de toutes les combinaisons consonnantes que donnent les types des deux modes, relativement au son générateur $\frac{0}{ut}$ et ne peuvent être en conséquence distraites de cette gamme. Ce qui prouve que la gamme diatonique n'a pas comme elle sa base dans la nature, mais seulement dans la combinaison de deux tétracordes mélodieuses. »

Le son $\frac{6}{do}$ se trouve ensuite nécessairement faire partie de la gamme chromatique, par sa position exactement intermédiaire entre $\frac{5}{fa}$, $\frac{7}{sol}$. Les autres sons résultent d'analogies consonnantes semblables.

Page 13..... « On est dans l'impossibilité de distinguer le dièze d'une note, » du bémol de la note suivante, dans l'ordre ascendant. »

Eh bien! où est le mal, puisque la suppression des dièzes et des bémols est d'un si grand avantage? L'identité du dièze et du bémol peut être rejetée dans les voix et dans les instrumens sans division chromatique. C'est une affaire de goût; mais n'est-elle pas de toute nécessité dans les instrumens à claviers?

Page 48..... « La ressemblance de position des octaves. »

On conçoit que M. Raymondi ait été séduit par un tel avantage qui découle naturellement de la gamme chromatique, et qu'il a cru pouvoir adapter à son système. Mais il s'est appuyé sur une erreur dont apparemment il ne s'est point aperçu, quelque surprenant que cela puisse paraître. Cela tient à ce que, plaçant son do grave sous une ligne accidentelle, il place le ré ascendant immédiatement au-dessus de cette même ligne, et exprime ainsi une seconde majeure par une tierce majeure, ce qu'il répète à chaque octave. Or, adoptant en effet une échelle ascendante diatonique, il se refuse à en admettre les conséquences.

Le général baron **Blein**.

Paris, ce 27 mai 1844.

RÉPONSE.

Monsieur le général,

J'ai reçu avec une véritable satisfaction les observations que vous m'avez fait l'honneur de m'adresser, et je m'empresse d'y répondre.

Je dois, avant tout, avouer qu'un simple amateur comme moi ne peut répondre à l'impromptu aux objections faites par un auteur aussi profond que vous. Cependant, permettez, monsieur le général, une première réflexion. Il est vrai *que les sons* do, bé, mi, fa, sol, lé, la, *résultent naturellement de toutes les combinaisons consonnantes que donnent les tierces des deux modes relativement au son générateur* do; mais je ne vois pas comment on peut en conclure que ces sons-là doivent être tous inhérens à une même gamme, sans présupposer que cette gamme c'est la gamme chromatique? Je ne vois pas en cela la preuve que la gamme diatonique n'a pas sa base dans la nature. Comment vos prémisses se rattachent-elles aux conséquences?

Quant à la seconde objection, je crois déduire ma réponse de votre objection même. *Si l'identité du dièze et du bémol peut être rejetée dans les voix et dans les instrumens, sans division chromatique*, alors pourquoi adopter un système qui ne servirait que pour certains instrumens? Ensuite, la suppression des dièzes et des bémols serait certainement d'un très-grand avantage; mais pourrait-elle compenser les cinq inconvéniens que j'ai cités à la page 13 de mon ouvrage?

La troisième objection a été prévue à la page 35. *Les notes se distinguent par leur position et par leur configuration, etc.*

M. le général me fait observer que, pour obtenir la ressemblance de position des octaves, l'ordre des lignes a été interrompu. D'abord mes notes ne représentent ni lignes ni espaces; ensuite la régularité des lignes est inconciliable avec la régularité des octaves. Il s'agit donc de savoir à quoi l'on doit donner la préférence. Je crois que M. le général ne conteste pas les avantages de l'uniformité des octaves, puisqu'il les trouve dans son système à chaque douzième demi-ton. J'ai fait remarquer ailleurs les multiples inconvéniens des lignes. Or, si la ressemblance des octaves est préférable à la régularité des lignes pourquoi vouloir réclamer la régularité des lignes, pourquoi vouloir considérer comme irrégularité ce qui n'est qu'une spécialité de la configuration, et pourquoi y aurait-il interception d'ordre entre différentes formes?

Où est le mal si, en laissant de côté les lignes et interlignes, on gagne en évidence, en simplicité et en facilité calligraphique, calcographique et typographique?

Voilà, monsieur le général, ce que j'avais à soumettre à votre appréciation, en attendant avec un vif désir toutes les observations que vous voudrez bien me faire l'honneur de m'adresser.

Agréez, monsieur le général, mes salutations très-distinguées, jointes aux sentimens de haute considération avec laquelle j'ai l'honneur d'être,

JOSEPH RAYMONDI.

Paris, 8 juillet 1844.

Lettre de M. Jacques HERZ.

Paris, 2 août 1843.

Monsieur,

J'ai lu avec beaucoup d'intérêt votre ouvrage intitulé : *Essai de simplification musicographique*. Je partage complétement votre opinion, que la musique, telle qu'elle s'écrit aujourd'hui, est surchargée de signes qu'il serait à désirer de voir simplifier.

Votre système de notation me paraît fort clair, et parmi les nombreuses améliorations qu'il indique et qui pouraient être facilement adoptées, j'ai remarqué celle qui consisterait à indiquer les accidens par un trait dans la note même, soit ascendant pour remplacer le dièze, soit descendant pour le bémol. Enfin, monsieur, je crois que votre ouvrage est destiné à rendre d'importans services à l'art musical; les plus notables, sans doute, seraient, pour les élèves, une plus grande facilité dans la lecture de la musique, et, pour les compositeurs, une précieuse économie de temps.

Recevez, je vous prie, monsieur, l'assurance de ma haute considération.

JACQUES HERZ.

OPINION DES JOURNAUX.

Journaux Français.

Les *Beaux-Arts*, seizième livraison, 1843 :

Il vient de paraître chez l'éditeur Bernard Latte, sous le titre d'*Essai de simplification musicale*, par M. J. Raymondi, une publication intéressante que nous croyons devoir signaler à l'attention de nos lecteurs: c'est l'exposé d'un nouveau système de notation musicale, ayant pour but de faire disparaître les inconvéniens et les difficultés du mode actuel, sans en changer entièrement la forme. Voici les principales innovations de ce système: 1° la portée ne se compose plus que de deux lignes au lieu de cinq ; 2° toutes les clés sont réduites à une seule placée sur la première ligne de la portée, et le degré d'élévation des noves, dans le système général, est indiqué par le numéro correspondant à l'octave; 3° les signes des valeurs ne changent pas, mais elles n'ont plus que la moitié de leur ancienne valeur; 4° les diverses mesures sont indiquées par les chiffres 2, 3 et 4, chaque temps ayant une valeur unique représentée par la noire.

Nous sommes fermement persuadé que la notation musicale de M. Raymondi est préférable au mode en vigueur; malheureusement, il est difficile d'espérer qu'élèves et professeurs consentent à se livrer à de nouvelles études pour l'apprendre ou l'enseigner. En revanche, il est un document que tout le monde consultera avec fruit dans l'ouvrage de M. Raymondi, et dont les artistes surtout feront leur profit, c'est une critique éclairée et ingénieuse des divers systèmes qui se sont produits avant le sien. Ce document, que M. Raymondi n'a dû se procurer que par de laborieuses recherches, suffirait pour assurer le succès de sa publication.

Le *Globe*, 28 juin 1843 :

Au moment où la musique se répand plus que jamais dans toutes classes, l'on sent généralement la nécessité d'améliorer une de ses branches qui est restée stationnaire jusqu'à nos jours. Tandis que la musique a fait d'immenses progrès, la musicographie n'a pu sortir de l'enfance. Le progrès est l'esprit de notre siècle, il lui appartient de voir le raisonnement dompter les habitudes, et la routine faire place au perfectionnement.

Nous avons sous les yeux un ouvrage qui inspirera un vif intérêt à tous ceux qui s'occupent de musique. L'auteur a reconnu l'utilité d'une notation musicale mieux raisonnée, et en même temps plus simple que celle usitée, et nous pensons que, mieux que ses devanciers, il a atteint le but qu'il se proposait. Outre un exposé clair et succinct de son système, l'*Essai de simplification Musicographique* de M. Joseph Raymondi renferme une classification de tous les systèmes proposés depuis le seizième siècle, tant en France qu'en Italie ; cette collection, qui a dû lui coûter de grandes recherches et de longues études, suffirait seule pour rendre cette brochure intéressante et utile.

Le *Monde Musical*, 29 juin 1843 :

Sous le titre *Essai de simplification musicographique*, M. Joseph Raymondi, vient de publier chez l'éditeur Bernard-Latte les premières parties d'un ouvrage qui sera lu avec intérêt par tous ceux qui s'occupent sérieusement de musique.

Après un examen de tous les systèmes proposés depuis le seizième siècle, en substitution de celui de Guido, M. Joseph Raymondi nous initie au sien, qu'il expose avec science et clarté, et en homme qui fait de savantes recherches sur l'art. Si la raison pouvait vaincre la force de l'habitude, on verrait bientôt la notation musicale de M. Joseph Raymondi généralement adoptée.

La *France*, 9 juillet 1843 :

Sous ce titre : *Essai de simplification musicographique*, M. Joseph Raymondi vient de faire paraître un ouvrage fort remarquable suivi d'un précis analytique des principaux systèmes de notation musicale proposés depuis le seizième siècle. Des planches fort exactes mettent en quelque sorte en pratique les préceptes de M. Raymondi, dont l'œuvre doit être d'autant plus recherchée, qu'elle a reçu l'assentiment de grands maîtres, et de nos compositeurs les plus distingués. A Paris, chez Bernard-Latte, boulevard des Italiens, 2.

La *Gazette des Théâtres*, 20 juillet 1843 :

Le congrès scientifique qui doit tenir séance le 1er septembre à Angers a, entre autres questions, placé celles-ci dans son programme.

« Le système actuel de notation musicale est-il le meilleur ?

» Quel est le mérite des systèmes différens qui ont été proposés, et que faut-il » attendre des efforts tentés pour innover en musique. »

Par une coïncidence singulière, M. Joseph Raymondi, dans un ouvrage tout récemment publié chez Bernard-Latte, sous le modeste titre d'*Essai de simplification musicographique*, nous semble avoir répondu par avance à ces questions.

Après avoir examiné le bon et le mauvais côté des systèmes de notation publiés jusqu'à nos jours, M. Joseph Raymondi en propose un qui aurait pour bases :

1° La substitution d'une portée de 2 lignes à celle de 5 ;

2° L'uniformité des octaves ;

3° La simplification des accidens qu'il attache à la note même ;

4° Les diverses clés réduites à une seule pour toute la musique écrite ;

5° Une indication plus claire des mesures.

Ce n'est là qu'une partie des améliorations introduites par l'auteur, et qui le placeront incontestablement en première ligne parmi ceux qui ont traité cette matière.

Le *Ménestrel*, 23 juillet 1843 :

Sous le titre : *Essai de simplification musicographique*, M. J. Raymondi vient de publier une brochure fort intéressante ; l'auteur, homme d'esprit et de talent, ne s'abuse pas d'ailleurs sur le sort probable de notation qu'il propose ; il est le premier à vous dire : « Voilà une théorie que je crois préférable au mode que vous suivez, et dont je vous démontre les nombreux inconvéniens ; mais je ne puis me dissimuler que vous, professeurs, vous ne l'enseignerez pas, et que vous, élèves, vous n'aurez garde de l'apprendre... » Et cependant nous n'hésitons pas à dire que l'innovation de M. Raymondi est la plus raisonnable, la plus pratique de toutes celles qui se sont produites jusqu'à ce jour. Son premier et incontestable mérite, c'est de simplifier singulièrement le système actuel, puisqu'elle supprime trois lignes de la portée, réduit toutes les clefs à une seule, et diminue le nombre des signes d'altération ainsi que des diverses indications de la mesure. Cette méthode a en outre l'avantage de ne pas beaucoup s'éloigner du système actuel, ce qui en rendrait l'application des plus faciles aux personnes qui voudraient la pratiquer. Enfin, ajoutons que le travail de M. Raymondi, d'une grande clarté et écrit en fort bon style, contient les documens historiques et critiques les plus curieux sur tous les systèmes de notation qui ont paru avant celui de l'auteur. Ces documens, fruits de longues recherches, suffiraient au besoin pour assurer le succès de la publication de M. Raymondi, et nous croyons faire plaisir à nos lecteurs en leur recommandant tout particulièrement cet ouvrage.

Le *Parterre*, 27 juillet 1843 :

Essai de simplification musicographique, par M. Joseph Raymondi. Chez Bernard-Latte, boulevard des Italiens, 2.

Nous venons de lire avec intérêt une brochure où l'auteur, M. Joseph Raymondi, a développé un nouveau système de notation. De toutes les innovations qui ont été faites dans le même genre, celle de M. Raymondi est la plus raisonnable, la plus pratique. Sa méthode mérite surtout d'être accueillie avec faveur, parce qu'elle remplit une des conditions les plus essentielles de l'art et de la science : elle simplifie. M. Raymondi propose son système timidement et comme un inventeur qui, tout en ajoutant foi à sa découverte, est assuré d'avance que personne n'en voudra profiter. Cependant son système, bien qu'il soit nouveau, se rapproche beaucoup de celui qui est actuellement en usage pour écrire la musique. De plus, et c'est là son pricipal mérite, il supprime trois barres de la portée, réduit les clefs à une seule, et diminue le nombre des accidens ainsi que divers modes d'indication de la mesure. — Il y a en outre dans ce travail, écrit du reste avec élégance et clarté, un document fort curieux et que les amateurs ne consulteront pas sans fruit : c'est l'historique critique et *fac simile* de tous les systèmes de notation qui ont paru avant celui de l'auteur.

Journaux Italiens.

Il *Messaggiere Torinese*, 8 ottobre 1842 :

Charissimo sig. Brofferio,

Sebbene il precipuo scopo del Messagiere sia ben altro che quello di trattare di quel ramo della musica che ha per oggetto la maniera di scriverla tuttavia è mio destino che, quatunque volte debbo parlare al pubblico per mezzo di cotesto giornale, mai da quella materia io possa discostarmi. Mi abbia dunque per iscusato se ripiglio la penna, già di proposito abbandonata negli ultimi tempi della nota *Riforma musicale*, per dire alcuna cosa relativamente ad un nuovo sistema di musicografia communicatomi in Parigi da un giovine nostro concittadino che passa, per non so quale anomalia, dallo studio delle leggi alla sfera musicale. La speciale orditura di questo sistema farà per avventura soggetto di discorso allorquando, reso di pubblica ragione, verrà in ogni sua parte accuratamente esaminato: è mio pensiere intanto di enunciarne i caratteri generali. Il signor Giuseppe Raimondi, altamente persuaso che il sistemata di Guido sia eccellente nelle sue basi, e solo difettoso nelle sue conseguenze, ha concepito siffattamente il suo, che, senza introdurre strane innovazioni e senza nuocere a ciò che è giudiziosamente stabilito, toglie al sistema di Guido solo quel tanto che riesce indispensabile per ottenere la perfezione desiderata. Egli ha giustamente osservato che quasi tutte le parti della segnatura musicale sono perfettibili. E di fatto, non sarebb'egli un perfezionamento se le note dello stesso nome avessero una posizione simile; se le linee ed i tagli addizionali fossero in assai minor numero; se i segni rappresentanti il valore delle note venissero semplificati; se gli accidenti fossero inerenti alle note; se le chiavi avessero il pregio di potersi traslocare a piacimento a qualunque ottava del sistema musicale; se i tempi fossero ridotti al minor numero possibile; se finalmente più facile, più spedita si rendesse l'incisione della musica, ovvero si rendesse meno dispendiosa e meno imperfetta la tipografia musicale? Or questo appunto egli ha avuto intendimento di fare. Ma perciocchè l'esperienza ne dimostra che in opere di questo genere, le innovazioni anche della massima utilità, quanto maggiori sono gli sconvolgimenti che recano nel sistema generalmente abbracciato, tanto maggior difficoltà incontrano nel trovar buona accoglienza, egli non solo si è attenuto, come già dissi, a seguire il più che possibile le traccie del sistema di Guido, ma ancora si è circoscritto a perfezionare le singole sue parti indipendentemente l'una dall'altra, di maniera che, ove alcune di queste innovazioni venissero rifiutate, non ne conseguirebbe che a tutte le altre debba necessariamente spettare la medesima sorte. Convien dire che il signor Raimondi, spogliandosi di non poco amor propio e della non rara vanagloria, ha scelto il più semplice ed il più simile al sistema di Guido fra una quindicina di sistemi da esso creati, de' quali alcuni posso assicurare adempirebbero al loro scopo quanto i più ragionevoli che finora siansi immaginati. Com'egli abbia riescito nella difficile sua intrapresa il pubblico deciderà: io chiudo intanto col dire che non mi è dato finora di muovergli veruna obbiezione di peso.

Gradisca, signor Avvocato, ch'io le attesti i sentimenti della più perfetta stima ed alta considerazione, coi quali mi pregio d'essere,

Di V. S. chiar.ma,

Dev.mo Servitore
Luigi **Rossi**.

Il *Messaggiere Torinese*, 19 agosto 1843:

Il libro che io annunziava in questo giornale nel nº 41 dello scorso anno, è finalmente comparso alla luce. Voglio dire, l'opuscolo del nostro compatriota sig. Giuseppe Raimondi, intitolato *Essai de simplification musicographique* è stato pubblicato non ha guari in Parigi. Se deesi credere a quanto ne dicono più giornali di quella metropoli, il detto opuscolo avrebbe colà avuto un'accoglienza assai favorevole; se io debbo aver fiducia in me stesso, tengo per fermo che non altramente sia per essere accolto fra noi. Imperciocchè, supponendo ancora che le innovazioni proposte dal sig. Raimondi non possano vincere l' inveterata abitudine dei musici, e non abbiano in sè quanto basti a contrabbilanciare lo sconvolgimento che apporterebbero nella musica scritta, non sarà tuttavia men vero ch' elle siano, di tutte le altre finora proposte, le più giudiziose, e insieme le più (per non dir le sole) acconcie a simplificare il sistema di notazione musicale usato. Senza che è questa un'operetta che leggerà con molto profitto, chiunque sia vago di conoscere addentro il ramo della musica che concerne la notazione e la storia critica dei principali sistemi di musicografia proposti dal XVI secolo a questa parte.

LUIGI **Rossi.**

Gazzetta Musicale di Milano, 28 septembre 1844 :

Al Signor Bartholomeo Montanello.

Signore!

Pervenutami, non ha guari, la vostra *Lettera al sig. Giovanni Ricordi*, ho veduto con piacere l' esame ragionato che fate del mio opuscolo, e l'approvazione che date a gran parte di esso : di che non posso abbastanza ringraziarvi. Se non che, quasi come per comprovare la sincerità degli elogi che mi compartite, non vi siete arrestato dal dar di piglio alla sferza della critica, e siete andato censurando alcuna delle innovazioni da me proposte ; quelle, cioè, che sono contrarie alle vostre, o che per se medesime ritenete mal fondate od inutili.

Io non mi adonterò mai di una critica appoggiata dal raziocinio, e tanto meno della vostra, che avete saputo condire della più squisita urbanità : all'incontro non sarà discaro a voi ch'io esponga le ragioni, per le quali, non ostanti quelle che avete addotto contro di me, io persisto nell'opinare sì medesimamente dopo la vostra lettera summenzionata, come prima, in riguardo ai punti da voi messi in controversia.

La vostra prima obbiezione verte sull' irregolarità nella distribuzione delle note entro il mio rigo. S'ella non riflettesse altro che l' irregolarità considerata in sè medesima, senza verun rapporto alla pratica della musica, permettetemi di dirvi francamente che io crederei di non dovermi stillare menomamente il cervello per confutarla : giacchè, essendo le mie linee intermedie non compiute, ma solo iniziate, ed essendo esse quivi, dirò, non in qualità di linee, ma di segni atti a far distinguere la quiddità delle note, è evidente come a nulla affatto importi la perfetta regolarità nella distribuzione di esse, e per conseguente delle note. Ma l'obbiezione acquista peso dal momento che accennate l' irregolarità che ne deriva nell'espressione degl' intervalli. Per rispondervi a questo riguardo, io domando: A conoscere un intervallo nel momento dell' esecuzione giova egli il calcolare il numero di linee e di spazi che separa le due note costituenti l'intervallo? Io non credo: perciocchè, senza dire che in molti casi, attesa la rapidità dell' esecuzione, siffatto calcolo non potrebb' essere sperato, la precisa grandezza di un' intervallo non si misura con la semplice intuizione della grandezza dello spazio che separa le due note, bensì dall' apprendimento delle due note, combinato con la cognizione già prima acquisita, e passata in abitudine, che, verbigrazia, *do-re* è una seconda, *do-mi* è una terza, *do-fa* una quarta, ecc. Onde la cognizione degl' intervalli è strettamente collegata con quella delle note, e, dirò meglio, al tutto ne dipende: onde, conosciuta senza pericolo di errare la quiddità delle note, si conosce con la medesima sicurezza quella degl' intervalli.

Anzi, se la cosa è in questi termini, e se io vi dimostro che nel mio sistema la cognizione delle note è incomparabilmente più facile ad acquistarsi, ed acquisita, incomparabilmente più ferma che nel sistema usato, ne verrà per naturale conseguenza che la stessa irregolarità, di che mi accusate, porta la massima luce all' evidenza degl' intervalli, anzichè l' oscurità da voi pretesa. La quale dimostrazione non mi par difficile a farsi, solo che v'inviti ad osservare, come dalla somiglianza della posizione delle ottave ne emerge che, imparate sette note, sono imparate quante mai si contengono nel sistema musicale, qualunque sia l' estensione a cui per avventura sia per esser portato: laddove nella musicografia comune, imparate sette note, sono imparate sette note, e nulla più: bisogna imparate tutte le altre ad una ad una.

Quale immenso vantaggio! A fronte di questo evvi meraviglia s' io vagheggio l' idea di presentare eguale la posizione delle ottave? Vi confesso che quest'uguaglianza di posizione, che pare voi abbiate in poco conto, è sempre stata da me ritenuta come uno degli oggetti principali per cui il sistema di Guido reclamava una riforma: perocchè dalla mancanza di essa uguaglianza ripete appunto la sua maggiore complicazione. Ma il problema era difficile a sciogliersi; anzi, al punto di vista in cui lo riguardate voi, cioè a quello di conservare le linee, e di ottenere uguale la detta posizione, io sono con voi, e il ritengo come insolubile. Perciò io dovea necessariamente prendere il partito di eliminare parte delle linee; e questa necessità, se male non mi appongo, è tornata profittevole alle mie viste di simplificazione. In fatto, se non v' ha luogo a dubitare che la configurazione individui le note meglio che la posizione, da questo lato il mio sistema vince il guidoniano; e tanto più perchè l'ordine ascendente e discendente vi è conservato senza la complicazione delle linee, e le mie sette note riescono ben distinte senza l'inconveniente di una configurazione settiforme. Le quali proprietà, unite con la facilità e l'evidenza che emanano, dall' uniformità delle ottave, compensano abbondantemente la stessa pretesa interruzione d' ordine. Imperciocchè infine il merito di qualunque sistema musicografico non è riposto nella regolarità di un principio, sibbene nella semplicità dei resultati; e *semplificare*, nel nostro caso, non significa precisamente diminuire il numero dei segni, ma segnare un metodo, mercè il quale essi riescano più prontamente intelligibili: rendere chiaro e facile *è semplificare.*

Con la precedente cicalata io credo d' avere implicitamente risposto alla vostra seconda obbiezione riguardante il *dovere appor linette quasi ad ogni nota.* Un'altra ve ne sarebbe in ciò che voi dite, *essere assai difficile il situare colla penna le note a posizione giusta fra quelle due linee*: ma a questa troverete la riposta bell'e fatta nell'annotazione posta appiè della pagina 35 del mio *Saggio*. Onde passiamo all' ultima.

Voi non approvate i segni da me proposti per distinguere gli accidenti: or bene, io vi dico ch'ei sono non solamente più semplici, ma più razionali e meno equivoci che nel sistema usato. Sono più semplici, e basta guardarli per conoscerlo; sono più razionali, perchè analoghi al procedimento ascendente e discendente dei semituoni da essi rappresentati; sono meno equivoci, perchè inerenti alla nota stessa, e perchè non v' è pericolo d' ingannarsi di linea o di spazio, tanto nel leggere quanto nello scrivere, siccome non di rado avviene nel sistema in uso.

Che se d'altra parte giova il contrapporre opinione ad opinione, eccovi un brano di lettera a me diretta dal sig. Enrico Herz: « Il vostro sistema di notazione » egli dice « parmi assai chiaro, e fra i numerosi miglioramenti ivi indicati, e che » potrebbero facilmente passare nella pratica, ho specialmente annotato quello » che consisterebbe nell'*indicare gli accidenti con una linetta nella nota me-» desima, sia ascendente per rimpiazzare i bemolli*, ecc. »

Prima di terminare questa lettera, permettetemi di dirvi, o Signore, che nel mio *Saggio* non ho voluto in nessun luogo *far uso* a veruna delle vostre proposizioni: perciocchè il detto opuscolo era compiuto molti mesi prima della pubblicazione della vostra *Lettera al sig. Giovanni Ricordi*, siccome possono testificare i signori **Donizetti**, **Herz**, **Luigi Rossi** e **De-Lafage**, ai quali ne diedi lettura fin dall' autunno del 1842.

Gradite, o signore, ecc.

Vostro devotissimo

GIUSEPPE RAYMONDI.

Di Parigi, il 2 di Giugno 1844.

PARIS. — IMPRIMÉ PAR E. BRIÈRE, RUE SAINTE-ANNE, 55.

ANALYSE

DES SYSTÈMES ANCIENS

SUIVIE DU

PREMIER ESSAI

DE

Simplification Musicographique.

Pl. X.

NOUVEAU SYSTÈME COMPARÉ.

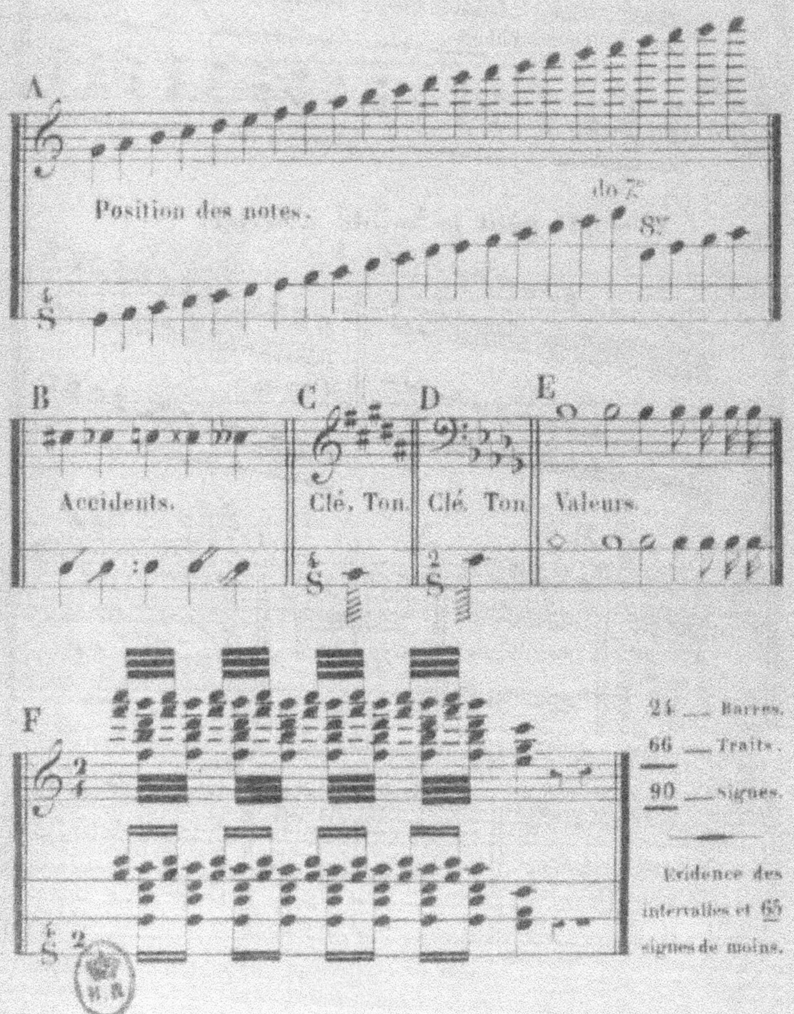

Exemple pour la facilité d'écrire.

PRÉFACE.

Depuis longtemps l'on cherche à simplifier la lecture de la musique sans qu'on ait pu y réussir : en France et en Italie il existe déjà un grand nombre de *Systèmes Musicographiques* abandonnés dans la poussière des bibliothèques, et cependant l'on en voit journellement paraitre de nouveaux.

Tous ceux que l'on a proposés jusqu'ici sont plus ou moins incomplets, et l'on a souvent répété les mêmes fautes, ce qui donne à penser que la plupart des auteurs n'étaient pas au fait des systèmes antérieurs.

Je me suis donc proposé, dans la première partie de cet opuscule, de faire une *Classification raisonnée* des différents systèmes de notation musicale, et de les analyser tous sous un point de vue général, afin que tout le monde pût d'un coup d'œil en saisir les défauts radicaux, et reconnaître les difficultés que l'on rencontre et les conditions nécessaires pour arriver à surpasser le système usité.

Dans la seconde partie, j'ai fait moi-même un premier essai de simplification musicographique ; je n'ai point cherché, comme tant d'autres, à faire quelque chose de bien extraordinaire pour le seul plaisir de la nouveauté ; j'ai eu tout simplement l'intention d'être utile en faisant quelque chose de bien simple, et en même temps semblable à ce qui est connu, pour ne pas lutter contre la force de l'habitude, qui est toujours très-difficile à vaincre. Il n'y a d'ailleurs rien de moins aisé que d'inventer des choses faciles, et si je n'ai point atteint mon but, j'aurai au moins fourni à d'autres le moyen de mieux faire en leur mettant sous les yeux tout ce qui a été fait et tout ce qui reste à faire.

Les innovations que je propose sont, autant que possible, simples et analogues à celles qui ont été favorablement reçues à différentes époques. En effet, *pour ce qui regarde la position des notes*, l'on sait qu'elles étaient anciennement marquées sur les lignes seulement, qu'ensuite on les a aussi placées dans les espaces, et qu'enfin, pour diminuer le nombre des lignes de la portée, l'on a adopté les *lignes d'emprunt* : maintenant l'on peut dire que les lignes de la portée et les lignes d'emprunt sont encore en trop grand nombre, et je viens proposer le moyen de représenter toutes les notes du clavier sur une portée de deux seules lignes ayant de plus le grand avantage de la *ressemblance des octaves*.

Sans doute la simplicité musicographique ne saurait rendre le goût de la musique plus exquis, ni la voix plus mélodieuse, ni les doigts plus agiles ; mais la musique, bien que difficile par sa nature, deviendra d'autant plus facile à apprendre que ces signes seront moins compliqués.

N'est-il pas certain que ce serait une plus grande facilité de voir simple ce qui est composé, et semblable de forme ce qui est semblable de nature? Personne ne voudra soutenir que les six ou sept *lignes d'emprunt* et les cinq lignes de la portée soient plus simples et plus claires que deux seules lignes ; personne ne voudra assurer qu'un ou deux accidents détachés de la note soient plus simples qu'un seul signe inhérent à la note même; il n'est personne enfin qui ne trouve absurde que deux notes de la même nature soient représentées sur deux positions différentes comme l'on voit dans les octaves, et que deux notes qui ne sont pas de la même nature aient une position semblable, comme il arrive dans les différentes clés, par exemple le *do* en clé de *Sol* et le *mi* en clé de *Fa*, etc.

Il y a en outre certaines dénominations des *valeurs musicales* qui sont erronées, et l'*indication des mesures* qui manque de simplicité.

Ces anomalies retardent assurément le progrès de la musique ; il serait donc utile de les rectifier : voilà ce que j'ai eu l'intention de faire dans cet *essai* que je publie comme ouvrage préliminaire.

PREMIÈRE PARTIE.

CHAPITRE PREMIER.

Classification des systèmes de notation musicale, proposés en substitution au système usité.

Dès le sixième siècle, l'on a commencé à s'exagérer les imperfections du système de notation musicale usité, et dès lors il sembla très-facile d'en composer de meilleurs. L'espoir de la renommée, dont plusieurs se préoccupaient, fit enfanter des systèmes sans nombre; mais la gloire, qui brillait déjà aux yeux des inventeurs, disparut comme de la fumée. Hélas! combien de génies désappointés! combien de rêveurs désabusés! combien de réformateurs infortunés qui, grimpant vers le sublime,

BIBLIOTHÈQUE ROYALE

ont glissé dans les abîmes avec leurs systèmes de tous genres et leurs réformes de toute espèce !

Le tableau comparatif de ces différents systèmes ne sera pas sans intérêt pour le lecteur curieux, et peut-être aura-t-il quelque utilité pour ceux qui savent tirer parti du malheur d'autrui.

Afin d'être clair et concis, je crois convenable de les distinguer en deux *Classes* par rapport à leur nature, en deux *Genres* par rapport à leur forme, et en six *Espèces* selon leurs variétés.

CLASSE.

1re	2e
DIATONIQUE.	CHROMATIQUE.

GENRE.

1er	2e
MONOLINÉAIRE.	MULTILINÉAIRE.

ESPÈCE.

1° *Alphabétique.*
2° *Numérique.*
3° *Soliforme.*
4° *Multiforme.*
5° *Bizarre.*
6° *Raisonné*, mais impraticable.

CHAPITRE II.

PREMIÈRE CLASSE.

Diatonique.

Le système diatonique a pour base la gamme de cinq tons et deux demi-tons, ce qui donne les sept notes de la gamme naturelle. Tel est le principe fondamental du système européen, dont je parlerai dans le chapitre XIII.

CHAPITRE III.

DEUXIÈME CLASSE.

Chromatique.

Le système chromatique a pour base l'octave divisée en douze demi-tons.

Il faut d'abord remarquer que cette division n'est pas

selon la nature de notre musique, qui est substantiellement diatonique. Il y a pour la musique sept sons primitifs, comme il y a sept couleurs primitives pour la peinture. Les sept sons se divisent en douze demi-tons; ces douze demi-tons peuvent avoir un tel nombre de subdivisions, que la faiblesse de nos organes ne les saisisse plus.

Selon les calculs de Sauveur, l'octave peut se diviser en quarante-trois parties égales nommées *mérides;* les *mérides* en trois cents et une *heptamérides*; et celles-ci en trois mille dix *décamérides.* Mais revenons à nous, et voyons quel est le résultat des systèmes à douze demi-tons.

Ceux qui ont proposé des notations musicales chromatiques ont eu pour but principal la suppression des accidents; et sans se soucier de la nature substantiellement diatonique de notre musique, ils se sont flattés de la simplicité d'une notation qui a douze notes constantes, au lieu de sept notes constantes et cinq signes accidentels (pl. Ire, fig. 9, 10, 11).

La notation chromatique est avantageuse en ce qu'elle rend inutiles les accidents; mais elle acquiert cet avantage aux dépens de la simplicité rationnelle et matérielle en même temps, parce que

1° Avec douze notes, on multiplie les combinaisons, et l'on rend par conséquent plus difficile la connaissance des intervalles, qui est très-essentielle;

2° On est obligé d'augmenter les lignes de la portée, qui ont été sagement diminuées par les anciens, et qui sont néanmoins en trop grand nombre encore;

3° On est dans l'impossibilité de distinguer le dièse d'une note du bémol de la note suivante dans l'ordre ascendant et *vice versâ* dans l'ordre descendant, ce qui causerait souvent des inconvénients et nous amènerait au principe de l'identité du dièse et du bémol; point de science musicale également rejetée par les théoriciens et par les praticiens;

4° Ce changement serait une révolution complète de la science musicale; tous les livres didactiques ne seraient bons qu'à jeter au feu, et les professeurs deviendraient écoliers;

5° Le système chromatique exige une nomenclature plus étendue, par conséquent moins facile que celle que nous avons. Voici un tableau des nomenclatures chromatiques et diatoniques qui ont été proposées à différentes époques.

NOMENCLATURES CHROMATIQUES.

Boisgelou.

ut	dè	rè	ma	mi	fa	fi	sol	bé	la	sa	si
	♯		♯			♯		♯		♯	
do	*do*	*re*	*re*	*mi*	*fa*	*fa*	*sol*	*sol*	*la*	*la*	*si*

Bertini.

do	ro	nè	rãi	zãi	mo	bo	lo	bè	jãi	bãi	vãi
	♯		♯			♯		♯		♯	
do	*do*	*re*	*re*	*mi*	*fa*	*fa*	*sol*	*sol*	*la*	*la*	*si*

Général Blein.

ut	dè	rè	bè	mi	fa	da	sol	lè	la	di	si
	♯		♯			♯		♯		♯	
do	*do*	*re*	*re*	*mi*	*fa*	*fa*	*sol*	*sol*	*la*	*la*	*si*

Gambale.

ba	ca	da	fa	la	ma	na	pa	ra	sa	ta	va
	♯		♯			♯		♯		♯	
do	*do*	*re*	*re*	*mi*	*fa*	*fa*	*sol*	*sol*	*la*	*la*	*si*

NOMENCLATURES DIATONIQUES.

Lancelot.

ta lè mi dà sè rè ni ta
do re mi fa sol la si do

Sauveur.

pa ra ga so bo lo do (*Not. naturelles.*)
pi ri gi sa ba la da (*Dièses.*)
po ro go sé bé lé dé (*Bémols.*)

De l'Aunaye.

ba da fa ha pa ga sa
bo do fo ho po go so
bè dè fè hè pè gè sè

Framery.

ta ra ma fa sa la ja
tè rè mè fè sè lè jè
to ro mo fo so lo jo

Hostar.

bo cè di ga lo mè ni

Graun.

da mè ni po tu la bè.

CHAPITRE IV.

PREMIER GENRE.

Monolinéaire.

Les notations *monolinéaires* appartiennent à la classe diatonique ; elles ont une direction horizontale sur une seule ligne (planche Ire, fig. 1, 2, 3, 4, 5, 6).

Les notes ainsi rangées donnent un système de musicographie qui aurait trois grands avantages, s'il n'avait pas de graves défauts ; en effet

1° La notation horizontale occupe beaucoup moins d'espace que le système ascendant et descendant ;

2° La portée et les *lignes supplémentaires* deviennent inutiles ;

3° On peut facilement typographier la musique.

Il faut cependant remarquer qu'en détruisant l'ordre ascendant et descendant des notes, l'on détruit aussi le plus grand avantage de la musicographie, celui de peindre distinctement la gradation des sons du grave à l'aigu et de l'aigu au grave. Cette notation horizontale a en outre tant d'autres défauts, que l'on est forcé de dire :

Decidit in Scyllam cupiens vitare Caribdim.

C'est ce qui est arrivé à Schmidt, Burmeister, Cruger, de l'Aulnaye, Patterson, la Salette, Riebestal, de Motz, de la Salle, J.-J. Rousseau, de Rambures et Romanò.

La figure n° 8 de la première planche représente un nouveau genre monolinéaire que j'appelle *monolinéaire ascendant*, parce qu'il y a une seule ligne pour chaque octave, et l'ordre ascendant et descendant des notes comme dans le genre *multilinéaire* : voir la 2e partie et la 2e planche.

CHAPITRE V.

DEUXIÈME GENRE

Multilinéaire.

Parmi les notations *multilinéaires*, il y en a qui appartiennent à la classe diatonique et d'autres à la classe chromatique ; elles ont une portée de plusieurs lignes et l'ordre ascendant et descendant des notes (planche 1re, fig. 10, 11). Ce genre de notation est dépourvu des trois avantages des systèmes *monolinéaires*, et manque de simplicité, à cause du nombre des lignes de la portée et des lignes *supplémentaires*. Appartiennent à ce genre :

1º Le système usité, qui a une portée de cinq lignes, lesquelles anciennement étaient en plus grand nombre, et qui, à présent, sont remplacées par les *lignes additionnelles* ;

2º Le système de l'abbé Feytou, qui a une portée de cinq lignes noires et deux pointées, une au-dessus et l'autre au-dessous de la portée ;

3º Le système chromatique de Boisgelou, ayant une portée composée de sept et quelquefois de dix lignes ;

4º Le système chromatique du général Blein, qui a une portée de sept lignes ;

5º Le système chromatique de Gambale, ayant une portée de trois lignes pour le chant et six pour les instruments. Ce système, qui parut en 1841, à Milan, avec le titre de *Réforme musicale*, a été réfuté par Louis Rossi, Jérémie Vitali et Nicolas-Eustache Cattaneo, tous trois professeurs de musique (1).

(1) Voir *il Messaggiere Torinese*, 1841.

CHAPITRE VI.

PREMIÈRE ESPÈCE.

Alphabétique.

Les signes des notations *alphabétiques* ont la forme des lettres ; elles appartiennent presque toutes à la classe diatonique et au genre *monolinéaire* (planche 1re, fig. 3). Les avantages matériels que présenterait une notation *monolinéaire* ont engagé certains auteurs à remplacer les notes rondes par des notes de différentes formes, afin de pouvoir les distinguer sur une même ligne. Ils ont choisi pour cela des lettres de l'alphabet, comme étant les signes les plus connus ; mais cette application n'est point heureuse, parce que

1° La différence de la forme n'a aucune analogie avec la différence des sons ni avec le rapport qui existe entre eux ;

2° Le redoublement et le mélange des signes s'opposent à la clarté et à la rapidité de la lecture musicale.

Les six premiers auteurs cités dans le genre *monolinéaire* ont composé des notations alphabétiques.

CHAPITRE VII.

DEUXIÈME ESPÈCE.

Numérique.

Les signes des notations *numériques* sont des chiffres ; leur classe est diatonique et leur genre *monolinéaire*.

Les chiffres, mieux que tout autre signe conventionnel, peuvent représenter rationnellement la gradation des sons et le rapport qui existe entre eux ; mais il faut observer que nos yeux n'ont pas la faculté de saisir aussi promptement qu'il le faut un mélange de chiffres nombreux et tout à fait différents l'un de l'autre ; par conséquent, tout système *numérique* est impraticable lorsqu'il s'agit de lire avec beaucoup de vitesse et de précision.

Les auteurs des notations *numériques*, absorbés dans la philosophie de leur système, et hautement satisfaits de l'évidence rationnelle, ont oublié l'évidence oculaire, si nécessaire dans la lecture de la musique, et ils ont exigé de la réflexion où il ne peut y avoir que de la simple perception. Je citerai, parmi les notations *numériques*, celles du Père Souhaitty, de Brossard, du philosophe de Genève et de J. E. Miquel (pl. Ire, fig. 4).

CHAPITRE VIII.

TROISIÈME ESPÈCE.

Soliforme.

Les notations *soliformes* ont un seul signe pour toutes les notes de musique ; elles appartiennent à la classe diatonique ou chromatique et au genre *multilinéaire*. En 1022

Guido d'Arezzo (1) a inventé la notation musicale adoptée en Europe, qui n'a qu'une seule forme pour toutes les notes de musique. Plusieurs autres ont suivi son exemple (pl. Ire, fig. 8, 10, 11).

CHAPITRE IX.

QUATRIÈME ESPÈCE.

Multiforme.

Dans cette quatrième espèce sont comprises toutes les notations qui ont les notes représentées par des signes de convention ; elles appartiennent à la classe diatonique ou chromatique et au genre *monolinéaire*. Je cite parmi ces notations

1° Celle des Grecs, composée de 1620 signes selon

(1) Cette opinion, généralement reçue, a été réfutée par des écrivains modernes.

quelques écrivains; de 125 selon d'autres, 22 selon M. Perne;

2° Toutes les notations alphabétiques et numériques;

3° La notation de Riebestal, avec sept notes conventionnelles;

4° Celle de Sauveur et de Motz de la Salle, avec sept notes qui ont pour distinction la différente direction de leur queue (planche Ire, fig. 1, 2);

5° La notation *géométrique* de Romanò, qui, ayant voulu exprimer les valeurs dans les notes mêmes et faciliter ainsi l'écriture de la musique, imagina un système de *sténographie musicale* qui doit être écrit plus lentement que tous les autres (planche Ire, fig. 5). Pour s'assurer de ce que je viens de dire, il suffit de comparer la facilité d'écrire la note usitée avec la difficulté de faire bien distinctement des cercles, des rectangles et des triangles blancs et noirs;

6° Les sténographies musicales, que je classe dans la cinquième espèce (planche Ire, fig. 6, 7, 9).

CHAPITRE X.

CINQUIÈME ESPÈCE.

Bizarre.

Les notations musicales que j'appelle *bizarres* tiennent à la classe diatonique ou chromatique ; quelques-unes sont du genre *monolinéaire* et d'autres d'un genre *amphibie*. Ces notations sont une combinaison de lignes courbes et de lignes droites entrelacées les unes aux autres, qui forment un dessin très-varié. Appartiennent à cette cinquième espèce toutes les sténographies musicales. Elles ne peuvent être considérées comme musicographies praticables ; mais elles sont de quelque utilité dans des cas exceptionnels. Parmi les sténographies musicales, je signale celle de M. Hippolyte Prévost, sténographe en chef du *Moniteur*, comme la plus ingénieuse et la plus utile.

Après avoir indiqué dans un premier chapitre un certain nombre de signes abréviatifs, qui, placés sur la portée, suffisaient déjà à faire obtenir une grande rapidité d'exécution,

M. Hippolyte Prévost a proposé un système de signes *relatifs*, comme plus rationnel, plus philosophique. La musique n'est pas la science des *do*, des *re*, des *mi*, etc. ; elle est la science des intervalles des sons. Le nom des notes n'est qu'un moyen d'avoir un diapason commun, une langue musicale générale. Cependant, dans la sténographie de cet auteur, la première note est toujours représentée par un signe *absolu* placé sur la portée : cette note initiale devient le premier terme de relation d'où se déduisent tous les autres. Par cette combinaison, M. Hippolyte Prévost a obtenu la possibilité de réunir chaque mesure en un seul monogramme, c'est-à-dire en un seul signe dont tous les éléments peuvent s'enchaîner l'un à l'autre (planche Ire, fig. 7).

A la suite du système sténographique approprié à la *mélodie*, M. Hippolyte Prévost consacre la seconde partie de son traité à la représentation abréviative de l'*harmonie* : cette partie du problème n'est pas résolue avec le même bonheur. Je sais que l'auteur travaille à améliorer ce point pour la seconde et prochaine édition de sa *Sténographie musicale*.

La sténographie musicale de Bertini, qui ressemble à une broderie, est impraticable, principalement parce qu'elle est chromatique (planche Ire, fig. 9).

La sténographie musicale de M. de Rambures, imprimée à Paris, en 1843, est très-douteuse à la lecture et très-difficile à écrire avec vitesse et précision, à cause de la simple différence de proportion dans la forme des octaves (planche Ire, fig. 6). Cependant, comme cet auteur, avec sa méthode, fait de la musique et des musiciens *gratis*, il faut rendre hommage à sa philanthropie.

CHAPITRE XI.

SIXIÈME ESPÈCE

Raisonnée mais impraticable.

Si la raison pouvait donner aux sens les facultés qui leur manquent, ce serait un but au-dessus de toute louange que de perfectionner les beaux-arts en partant d'un principe aussi noble que celui de la raison ; mais nos organes ne sont pas toujours obéissants à cette noble puissance, et alors ce qui est rationnel devient impraticable. C'est précisément ce qui arrive dans la lecture de la musique, où il faut donner la préférence aux yeux et non pas à la raison. Tous ceux qui ont oublié ce privilège des yeux ont fait des systèmes qui sont impraticables. Nous avons déjà vu le manque d'évidence oculaire des notations numériques de Souhaïty, Brossard, Miquel et Rousseau ; ici, je citerai Gambale, qui a fait à son système l'application des *valeurs musicales* de J. J. Rousseau, comme l'on peut voir dans la Ire planche, fig. 12.

Voici l'explication des *valeurs* de Gambale :

1° Toutes les notes comprises dans une mesure sont attachées à une ligne horizontale ;

2° S'il n'y a qu'une note, elle vaut une mesure ; s'il y en a deux, chacune vaut une demi-mesure ; s'il y en a trois, chacune vaut un tiers, ainsi de suite (planche Ire, fig. 23).

3° Pour exprimer les notes qui ont une valeur inégale, on ajoute une seconde ligne plus courte ; alors toutes les notes à deux lignes, prises ensemble, valent une seule des notes qui ont une ligne de moins. La même règle est établie pour les notes qui ont deux, trois ou quatre lignes ;

4° Le *point* est aussi attaché aux lignes horizontales et il suit la règle des valeurs des notes ;

5° Les *pauses* sont représentées par un seul signe qui change de durée d'après le nombre des lignes, comme cela arrive pour les notes et pour le point.

Louis Rossi, professeur de musique, a fait insérer dans le *Messaggiere Torinese* une savante réfutation des *valeurs* du système de Gambale.

CHAPITRE XII.

Conclusion.

L'examen comparé des systèmes proposés fait suffisamment connaître combien de difficultés l'on rencontre dans la composition d'un nouveau système musicographique, et nous explique que les innovations de ce genre sont d'autant moins admissibles, qu'elles s'écartent du système connu.

En dépit de tant d'attaques, l'ancien système conserve toujours sa supériorité par l'uniformité de ses notes et par son ordre ascendant et descendant. Il faut avouer que l'on n'a proposé pour en corriger les défauts que des remèdes pires que le mal ; il n'est donc pas vrai que la force de l'habitude ait empêché les innovations ; il faut plutôt dire que le système ancien n'a pas été devancé.

Il n'est donc pas exact de penser, comme l'a dit J.-J. Rousseau, « *que le public, sans discuter beaucoup l'avantage des signes qu'on lui propose, s'en tient à ceux qu'il trouve établis, et préférera toujours une mauvaise manière de savoir à une meilleure d'apprendre*. » Si le public avait accepté le système numérique de Rousseau, il aurait appris une meilleure méthode de *savoir mal* ce qu'il *savait bien* par une méthode *plus mauvaise*. L'auteur lui-même ayant vu le malheureux succès de son système, qui est raisonné, moins praticable que tout autre, fait honneur à la sagesse du public de l'avoir refusé, et il dit dans son *Dictionnaire de musique :*

« *Comme au fond tous ces systèmes, en corrigeant d'anciens défauts auxquels on était tout accoutumé, ne faisaient que d'en substituer d'autres dont l'habitude est encore à prendre, je pense que le public a très-sagement fait de laisser les choses comme elles sont, et de nous renvoyer, nous et nos systèmes, au pays des vaines spéculations*. »

En comparant maintenant les avantages de chacun de ces systèmes, on peut, ce me semble, en conclure que, voulant faire quelque innovation utile à l'art de la musique et perfectionner le système musicographique, il faudrait se tenir au système diatonique, lui donner la simplicité du *genre monolinéaire*, l'ordre ascendant et descendant du *genre multilinéaire*, l'uniformité de l'*espèce soliforme*, et le plus possible de l'*espèce raisonnée*, laissant de côté tout ce qui sent le *chromatique*, l'*alphabétique*, le *numérique*, le *multiforme* et le *bizarre*, ayant pour principe que la musique ne doit pas se peindre avec des nuances et des formes, mais avec simplicité et évidence.

CHAPITRE XIII.

Système usité.

Quoi que l'on dise du système usité, il faut avouer qu'il est meilleur que tous ceux qui ont été proposés depuis le sixième siècle.

L'examen comparé des systèmes qui ont paru sous le titre du mieux, mais avec le cachet du pis, m'a profondément convaincu des excellentes bases du système musicographique usité ; aussi dois-je, avant tout, reconnaitre que pour mieux faire il ne faut pas s'écarter du principe fondamental, c'est-à-dire de l'ordre ascendant et descendant des notes.

Le système de Guido n'est pas un objet de réforme, mais un sujet de perfectionnement; ce système est simple par l'uniformité de ses notes, facile par sa nomenclature, et inappréciable par son grand mérite de peindre admirablement la succession et la gradation des sons au moyen de l'ordre ascendant et descendant.

Ces vérités de fait n'ont pas empêché que maints adversaires, par partialité de jugement, par désir de nouveauté ou par vain amour de gloire, dépréciant les avantages et exagérant les imperfections, aient jugé ce système radicalement défectueux. Selon moi, il manque tout simplement de perfection dans ses parties, et je crois qu'il est plus utile pour l'art de reconnaitre ses beautés et de corriger ses imperfections, que de sacrifier le tout au caprice de la nouveauté.

En considérant donc le système de Guido dans toutes ses parties indépendamment les unes des autres, l'on pourrait améliorer :

1° Les lignes de la portée ;
2° Les lignes additionnelles ;
3° La position des octaves ;
4° Le système des clefs ;
5° Les accidents ;
6° Les triples et quadruples barres de valeurs.

Il serait en outre fort utile d'y joindre les avantages suivants :

1° La simplification de l'indication des mesures ;

2° La rectification des dénominations erronées ;

3° L'avantage de pouvoir se passer d'un papier particulier ;

4° La facilité calligraphique, calcographique et typographique.

Voilà les conditions nécessaires pour un système de musicographie tel qu'on le désire depuis longtemps.

DEUXIÈME PARTIE.

CHAPITRE PREMIER.

Système simplifié.

Le perfectionnement de chaque partie du système usité, la simplicité des innovations et le plus de ressemblance possible au système connu, sont les bases de mes recherches (1).

Le *Système simplifié* appartient à la classe *diatonique* et à l'espèce *soliforme*. Le *genre* est nouveau. Personne que

(1) Il n'est pas inutile de dire que les innovations que je propose sont indépendantes les unes des autres, et que l'on peut adopter exclusivement ce qui est plus avantageux.

je sache n'a proposé jusqu'à présent l'application de l'ordre ascendant et descendant des notes au genre *monolinéaire*. Ce système réunit les caractères distinctifs des deux *Genres*, c'est-à-dire l'ordre ascendant des notes et l'unité linéaire pour chaque octave (2e planche, figure 1).

CHAPITRE II.

Portée, notes et accidents.

La nouvelle portée est composée de deux lignes parallèles horizontales, qui sont éloignées l'une de l'autre autant que la première et la dernière ligne de la portée ancienne. En retranchant à l'ancienne portée les trois lignes intermédiaires, l'on a la nouvelle portée de deux lignes.

La forme des notes n'est pas changée; elles ont une position analogue à l'ancienne, abstraction faite des trois lignes intermédiaires supprimées. Cependant les trois lignes centrales anciennes, morcelées selon le besoin, servent de signe distinctif et de niveau aux notes qui sont dans la portée.

Dans la notation usitée, le nombre des lignes et des espaces indiquent (d'après la clé) la nature et le degré d'élévation des notes; il faut donc toujours se rendre compte des lignes et des espaces pour reconnaître chaque note; d'après ce principe, on est obligé de multiplier les lignes au dépens de la clarté; en effet, il ne suffit pas d'avoir vu telle note ou telle autre pour savoir ce qu'elle est, mais il faut d'abord se rappeler la clé et ensuite parcourir des yeux un certain nombre de lignes et d'espaces pour savoir, par exemple, que la note placée dans le sixième espace au-dessus de la portée est un *do* en clé de *Sol*; si l'on se trompe d'une seule ligne en plus ou en moins, l'on fait un *mi* ou un *la*, ce qui arrive très-fréquemment.

Dans le *Système simplifié*, sans avoir besoin de compter les lignes, l'on reconnait chaque note au premier coup d'œil, parce qu'elles se distinguent par leur position et par leur configuration très-simple, ce qui rend la lecture de la musique beaucoup plus prompte et facile (1).

Des professeurs de musique assurent que les élèves, en

(1) La position des notes de ce système semble exiger au premier abord beaucoup plus de précision calligraphique que l'écriture musicale usitée; mais si l'on considère que le *fa sol la* n'en exigent ni plus ni moins que dans le système usité, et que le *si do ré mi* ne changent pas de nature, quand même, en les écrivant, l'on se tromperait de ni-

général, apprennent les notes placées sur les lignes de la portée plus facilement que celles qui sont dans les espaces, et qu'ils saisissent les deux ou trois premières notes au-dessus de la portée beaucoup plus promptement que celles qui sont dans la portée même : cela prouve que la configuration, conjointement au degré d'élévation, favorise l'intuition et la connaissance des notes.

Cette remarque m'a engagé à détruire le parallélisme des lignes de la portée et à caractériser chaque note par une configuration semblable à celle des premières notes *additionnelles*.

Quant à l'objection que l'on pourrait faire relativement au plus ou moins de facilité d'écrire les notes qui se trouvent dans la portée, je ferai remarquer qu'il y a une très-grande compensation dans les notes *additionnelles*, comme l'on peut voir dans la 2e planche, fig. 4 ; d'ailleurs, s'il y a plus de clarté et d'évidence dans la musique, soit imprimée, soit gravée, soit écrite, il faut préférer la facilité de lire à la facilité d'écrire.

Les accidents sont adhérents à la note même. Le signe accidentel est un simple trait dont la direction exprime avec

veau, l'on verra que cette nouvelle notation est moins équivoque que l'ancienne, où les notes placées à travers les lignes de la portée se confondent avec les notes des espaces, si la précision calligraphique manque. On doit dire, d'ailleurs, qu'en toute chose il faut un peu d'habitude pour bien faire.

beaucoup d'analogie l'ordre ascendant ou descendant des demi-tons. Les accidents de l'armure sont attachés à la note nominale du ton, tout près de la clé. (2e planche, fig. 2).

CHAPITRE III.

Clés.

Avant de parler des clés du *Système simplifié*, il est à propos de dire quels sont les avantages et les inconvénients de ces signes dans le système usité. Pour ne pas être trop long, je renvoie le lecteur aux articles *clé* et *système* de l'*Encyclopédie méthodique*, où l'on a résumé les objections et les réponses de plusieurs auteurs, tels que Montéclair, l'abbé de Cassagnac, Boyer, Jacob et autres, sur l'emploi des clés.

On sait que les clés ont une double attribution, celle de donner le nom à la note placée sur la même ligne, et celle de fixer le degré d'élévation des notes dans l'étendue générale.

Dans un système de notation musicale diatonique tel que celui de Guido, il faut sept clés, ou un moindre nombre qui donne le résultat de sept au moyen de différentes positions. Il arrive très-souvent que les chanteurs, les accompagnateurs, et parfois les orchestres, sont obligés de transposer à l'impromptu des morceaux de musique d'une seconde, d'une tierce, d'une quarte, etc., et qu'en transposant par exemple d'une seconde au-dessus, il faut donner le nom de *re* à la note qui est *do* en vertu de sa clé, et le nom de *mi* à la note qui est *re*, etc. Ce changement de nom produit une nouvelle série de notes qui dépendent d'une autre clé ; il est évident que cette transposition pouvant se faire à sept différents intervalles, il doit en résulter sept séries différentes et par conséquent sept clés.

Le besoin des clés augmente lorsque, par exemple, le compositeur doit écrire pour le cor, instrument de dimension variable. Le corniste lit ordinairement la musique en clé de *Sol*, où les notes *do, re, mi*, sont naturelles au cor en *Do* ; mais si le cor est en *Mi*, il lit *do, re, mi*, tandis que l'instrument donne *mi, fa dièse, sol dièse*. Or, si le compositeur doit écrire un morceau de musique pour des cors en *Mi*, il fera très-facilement cette partie en s'imaginant écrire en clé de *Fa*, où le *mi fa sol* ont la même position que le *do re mi* de la clé de *Sol*.

Si le compositeur veut se passer cette transposition, ce qu'il s'épargne vient à la charge de l'exécutant, qui, pour entonner avec le cor en *Mi* le *mi fa dièse sol dièse* de la clé de *Sol*, est obligé de faire le *do re mi* de son instrument ; et dans ce cas, il doit supposer sa partie écrite en clé de *Soprano*. La transposition est donc inévitable, et, par conséquent, les sept clés sont indispensables.

Il faut maintenant remarquer que le compositeur s'étant imaginé *mi fa sol* de la clé de basse, a atteint son premier but, c'est-à-dire de fixer le nom de *mi fa sol* aux notes *do re mi* de la clé de *Sol* ; mais il s'est écarté du second, parce que le *mi fa sol* de la clé de basse se trouve éloigné d'une octave du *mi fa sol* du cor. L'on voit par là que l'ancien système des clés manque d'exactitude dans le degré d'élévation des notes.

Dans le système usité, l'immobilité des clés, l'insuffisance de la portée et la multiplicité des lignes additionnelles obligent à faire usage de plusieurs clés à la fois, ce qui est d'une très-grande difficulté dans l'étude et dans la lecture de la musique.

Dans le *système simplifié*, il n'y a qu'une seule clé pour toute la musique écrite. Cette clé est placée sur la première ligne de la portée, et elle est représentée par la lettre *S*, initiale du nom de la note *sol*, qui est placé sur la même ligne (La clé de *Si* serait représentée par un double *SS*). Le degré d'élévation est indiqué par le numéro correspondant à l'octave, et il est placé au-dessus de la clé (2e planche, fig. 1). Ainsi me semble évidemment établi le double objet de la clé, savoir : Celui de fixer le nom à chaque note, et d'indiquer distinctement leur degré d'elévation dans le système général.

La lecture de la musique, qui est si difficile dans le système usité, à cause de la dissemblance de position des octaves, et de la variété des clés, acquiert par cela seul beaucoup de simplicité, principalement pour la musique de piano et de harpe.

CHAPITRE IV.

Valeurs, silences et abbréviations.

Il n'y a pour les signes des valeurs aucun changement de forme, excepté pour la note qui vaut une mesure : celle-ci prend la forme carrée ; toutes les autres gardent leur forme, mais elles n'ont plus que la moitié de leur ancienne valeur, de manière que la *ronde* (1) vaut une *blanche* (2),

(1) Semi-brève.
(2) Minima.

la *blanche* vaut une *noire* (1), la *noire* vaut une *croche* (2), etc. (2e planche, fig. 2).

Cette innovation ne présente aucune difficulté rationelle, elle a d'ailleurs un grand avantage par rapport à la facilité calligraphique, calcographique et typographique.

Pour apprécier la portée de cette innovation très-simple en elle-même, il suffit de remarquer que dans la musique pour piano, il y aurait souvent la différence d'une centaine de barres chaque page ; je citerai pour exemple l'ouverture d'*Otello* réduite pour piano (3) ; dans ces dix pages, il y aurait 960 barres de moins, sans compter les crochets des notes isolées. Que de bonne musique on pourrait écrire, dans le temps perdu à faire ces barres ! Le résultat est frappant dans les grandes partitions, où il y aurait des milliers de barres de moins, ce qui ne serait pas désagréable aux compositeurs, copistes, graveurs de musique et aux exécutants même.

Les triolets sont indiqués par le chiffre 3, et lorsqu'il y en a plusieurs de suite, pour mieux les distinguer, on peut se servir d'une ligne courbe ou liaison qui embrasse la jambe des trois notes.

Les *silences* sont presque tous représentés par les anciens signes.

(1) Semi-minima.
(2) Croma.
(3) Paris, chez Schlesinger, marchand de musique.

Le *soupir* n'est plus un sept tourné à droite, qui souvent se confondait avec le *demi-soupir*, mais il est représenté par un autre signe déjà connu (2e planche, fig. 2).

Les abréviations se font d'une manière analogue à l'ancienne, avec les modifications relatives à la nature du système.

CHAPITRE V.

De l'indication de la mesure.

Je n'examinerai pas ici le système de *l'indication des mesures* généralement adopté, je ferai seulement remarquer que plusieurs indications sont inutiles, parce qu'elles ne font qu'exprimer la même chose différemment; par exemple, la valse qu'autrefois l'on marquait 3|8, et aujourd'hui 3|4, donne dans les deux cas le même résultat. J'ajouterai qu'il est très-difficile de comprendre les *temps* tels qu'ils sont indiqués aujourd'hui, quant à la composition de la mesure et à la manière de la frapper.

Pour l'indication des mesures, voici un moyen inédit de simplification que j'ai traduit de l'italien :

« Il serait avantageux d'indiquer la quantité spécifique des notes de chaque mesure, d'après les *temps* qui s'y trouvent compris ; et, puisqu'une mesure ordinaire ne peut avoir que deux, trois, ou quatre *temps*, les chiffres 2, 3 et 4 seraient les représentants d'une mesure composée de deux, trois, ou de quatre *temps* ; il faut en outre que le *temps* soit représenté par une note d'une valeur constante ; à cet effet, je choisis la *semi-minima* (noire).

Il s'ensuit que le *temps* 2 indique une mesure composée de deux *noires* ; le *temps* 3 et le *temps* 4 indiquent une mesure composée de trois ou quatre *noires*, ce qui répond à 2|4, 3|4, et C du système usité. Chaque temps peut en outre se diviser en deux ou trois parties ; s'il est divisé en deux parties, ce sera comme sous-entendu ; s'il est en trois parties, l'on ajoute un petit 3 à côté du premier chiffre, ainsi qu'il suit : 2^3, 3^3, 4^3, équivalent à 6|8 9|8, 12|8, du système usité. Si l'on a besoin d'un signe pour indiquer les mesures irrégulières, l'on se sert du 5 pour 5|4 et du 7 pour 7|4. Les *temps* sont ainsi réduits au moindre nombre possible, et la nature de la mesure, quant aux temps qu'elle renferme, est clairement exprimée, de plus l'on a une règle facile pour la mesure, puisque 2 ou 2^3, 3 ou 3^4, 4 ou 4^5, indiquent qu'elle est divisée et frappée à 2, 3 ou 4 temps.

CHAPITRE VI.

De la nomenclature italienne des valeurs musicales.

La nomenclature française indique la forme et la couleur des notes; la nomenclature italienne exprime la valeur relative des notes; la première est exacte, parce que la couleur et la forme des notes n'ont pas changé. La seconde est imparfaite, parce que l'on a fait des améliorations musicales sans rectifier les dénominations.

Pour ne pas dépasser les bornes que je me suis imposées, je dirai en passant, que

1° Par suite de l'introduction de la *croma*, *semicroma*, etc., la *minima*, *semi-minima* sont inexactes, si on les compare avec plusieurs autres notes dont la valeur est inférieure à la *semi-minima* même ;

2° par suite de la division des mesures, étant devenues inutiles, toutes les notes qui valaient plus de quatre temps (comme la *massima*, la *longa* et la *brève*), les notes, que par force de routine l'on nomme *semi-brève* et *minima*, devraient plutôt se nommer *massima* et *longa*.

Il y a en outre dans la nomenclature italienne des dénominations qui sont erronées dès leur origine, comme, par exemple, la *biscroma* (triple croche des Français), qui n'a aucun rapport avec la valeur qu'elle doit exprimer. Le mot *biscroma* signifie littéralement *double-croche*, et il est affecté à une note qui a une valeur quatre fois moindre d'une *croche*. Si l'on considère la dénomination *biscroma* comme exprimant une valeur double, elle signifie deux *croches* ; dénomination complètement fausse ; si on la regarde comme valeur sous-double, elle exprime une moitié au lieu d'un quart ; dénomination fausse, parce qu'elle est excédante ; si on considère ce mot comme devant exprimer combien il faut de ces petites fractions pour composer l'unité, c'est-à-dire une *croche*, il indique deux, tandis qu'il en faut quatre, encore une dénomination incomplète ; si l'on ajoute que l'on donne le nom de *bis* à une figure de trois barres, nous avons encore une dénomination fausse, parce qu'elle est détournée du sens véritable ; ce *bis* est vraiment protéiforme et inconcevable ! Il ne serait donc pas inutile de rectifier ces dénominations peu raisonnées, et je crois que, voulant aussi diminuer le nombre des barres comme je l'ai proposé, l'on pourrait convenablement donner le nom de *massima*, *longa*, *brève*, et *minima*, aux quatre notes *semi-brève*, *minima*, *semi-minima* et *croma* (1) ; et le nom de *croma*, *semi-croma*, *quarti-croma* (ou bien *croma*, *biscroma*, *tricoma*) aux notes *semi-croma*, *biscroma*, *semi-biscroma* (2). On aurait ainsi :

1° Une nomenclature facile, et qui ne serait pas entièrement inconnue ;

2° Une nomenclature qui exprimerait la valeur relative de chaque note ;

3° Il n'y aurait pas une figure de trois barres pour représenter un quart avec le titre de *Bis*. N'est-il pas absurde qu'un *bis* signifie un quart sous la forme de trois ?

(1) Les Français les appellent *ronde*, *blanche*, *noire* et *croche*, d'après leur forme et couleur.

(2) *Double-croche*, *triple-croche*, *quadruple-croche*, d'après le nombre des barres.

CHAPITRE VII.

Différences entre le système usité et le système simplifié :

1° Moindre nombre de lignes de la portée.
2° Suppression des *lignes additionnelles multipliées*.
3° Simplicité et adhérence des accidents aux notes.
4° Notation constante des accidents à toutes les notes qui sont *accidentellement* modifiées.
5° Ressemblance de position des octaves.
6° Facilité de transporter la clé à quelque octave que ce soit du système général.
7° Evidence du degré d'élévation de chaque octave.
8° Unité de clé pour toute la musique écrite.
9° Diminution des barres des valeurs.
10° Rectification des dénominations erronées.
11° Simplification des indications de la mesure.
12° Économie d'espace en plusieurs cas.
13° Facilité calligraphique.
14° Facilité calcographique.
15° Facilité typographique.

CHAPITRE VIII.

Le système simplifié considéré par rapport à la facilité rationnelle.

1° La ressemblance de position des octaves.

Dans le système usité, il y a autant de positions qu'il y a de notes, de manière que six octaves donnent quarante-deux positions, ce qui équivaut à quarante-deux signes différents. Dans le système simplifié, il n'y a que sept positions, ce qui fait trente-cinq positions de moins à apprendre.

2° Une seule clé pour toute la musique écrite.

Les pianistes et les harpistes peuvent mieux que tout autre apprécier cet avantage.

3° La facilité de transporter la clé à quelque octave que ce soit, et l'évidence de son degré d'élévation, ce qui manque au système usité.

4° La notation constante des accidents à toutes les notes qui sont *accidentellement* modifiées, ce qui fait que les élèves principalement ne risquent plus de se tromper et d'oublier les accidents qui ne sont pas répétés dans la même mesure.

Je ferai remarquer qu'il serait utile d'adopter aussi la notation constante des accidents dont la clé est armée. Le système usité s'y oppose, parce que les accidents étant peu simples et détachés des notes, l'on multiplierait tellement les signes accidentels, que la musique deviendrait inintelligible, et ce serait incommode pour les compositeurs et les copistes; mais dans ce système les accidents étant d'une forme très-simple et adhérents aux notes, l'on a beaucoup de facilité à les faire, et l'on favorise en même temps l'intelligence et la mémoire de l'exécutant. Voyez l'explication de la fig. 5, 2e planche.

5° La rectification des dénominations erronées des valeurs musicales.

6° La simplification *des indications de la mesure*.

Voilà pour la partie rationnelle les innovations qui peuvent faciliter beaucoup l'étude et la lecture de la musique; il nous reste à examiner la partie matérielle.

CHAPITRE IX.

Le Système simplifié considéré par rapport à la facilité matérielle.

1° La portée de deux lignes au lieu de cinq.

Le rapprochement et le parallélisme des lignes de la portée ancienne fait que l'on confond souvent les notes des lignes avec celles des espaces à côté. Cela arrive principalement dans la musique écrite, à cause de l'inexactitude des copistes ; la nouvelle portée est plus claire aux yeux, et réclame moins de précision calligraphique. La simplicité de cette portée permet à chacun de régler soi-même du papier pour la musique avec la plus grande facilité ; combien de fois les compositeurs, casuellement dépourvus de ce papier réglé, n'ont-ils pas négligé et oublié leurs inspirations musicales ? Cet inconvénient disparait dans le *système simplifié*, tout le monde pouvant aisément tracer avec la plume une ligne horizontale approximativement parallèle à une autre ; par ce moyen, d'ailleurs, l'on épargne trente lignes sur chaque page de dix portées.

2° L'abolition des *lignes additionnelles multipliées*, qui fait gagner beaucoup en évidence oculaire (2e planche, fig. 4).

3° La simplicité des accidents.

Le système usité a cinq accidents de différente forme qui se placent parmi les notes selon le besoin (parfois même deux accidents pour une seule note); ces accidents sont quelquefois si nombreux, que dans une page de musique il y a presque autant de signes qu'il y a de notes, ce qui nuit à l'évidence oculaire (2e planche, fig. 5).

La quantité des accidents cause une perte de temps dans la copie et dans la gravure; ces signes sont d'une très-grande difficulté dans la typographie musicale. Il faut ajouter qu'ils prennent beaucoup d'espace en largeur, ce qui fait perdre beaucoup en hauteur, par conséquent moins de notes dans une page, plus forte consommation de papier, et, ce qui est pire, désagrément de tourner la feuille à chaque instant : sous ce rapport, ce me semble, on peut regarder comme très-utile l'économie d'espace. Quelques-uns ont considéré comme avantage d'avoir borné la notation musicale à un moindre espace, au moyen d'une notation horizontale; dans ce cas, je trouve que c'est un grand défaut d'avoir fait main basse sur l'ordre ascendant et descendant des notes, parce que l'on perd en évidence ce que l'on gagne en espace. J.-J. Rousseau, dans son système, signale l'économie d'espace, et il avait raison, car c'était peut-être le plus grand mérite de son impraticable système.

4° La diminution du nombre des barres des valeurs. Dans le système usité, pour exprimer les valeurs, l'on a des barres qui, par leur multiplicité et par leur forme peu mignonne, encombrent les pages de musique, éblouissent la vue, causent perte de temps aux compositeurs et aux copistes, et enfin obligent à faire usage de papier très-épais. Dans le *système simplifié*, les barres sont réduites à moindre nombre. Par cette modification proposée (1), l'on gagne beaucoup en facilité matérielle, sans nuire à la clarté. Je fais remarquer ici, que dans le système usité des barres plus minces ne peuvent être adoptées, parce que, quand les lignes des valeurs tombent sur les lignes de la portée, elles perdent de leur évidence; c'est pourquoi les copistes ont toujours soin de les faire très-prononcées. Dans le *Système simplifié*, les barres des valeurs, quoique plus minces, sont tout aussi évidentes, à cause de la portée blanche (2e pl., fig. 3, 4 5, 6 et 7).

5° La facilité calligraphique, qui découle de la simplicité des accidents, de la diminution du nombre des barres des valeurs, et de l'abolition des *lignes additionnelles* multipliées sous la même note.

6° La facilité calcographique.

(1) Voir 2e Partie, chapitre IV. — *Des valeurs.*

Les dièses, les bémols et les bécarres pouvant se faire avec un même instrument, parce qu'ils ont la même forme, le graveur n'a plus besoin de trois poinçons différents, il n'est plus obligé de changer de types à chaque instant, il a en outre beaucoup moins de *lignes additionnelles* et de barres des *valeurs* à graver, par conséquent moins de temps perdu.

7° La facilité typographique musicale. Cette facilité naît :

1° De la simplicité de la portée.

2° De la diminution du nombre des barres des *valeurs*, et des *lignes supplémentaires*.

3° De ce que l'accident et la note ne font qu'un seul signe ; par conséquent il ne faut plus autant de caractères, l'on compose avec beaucoup plus de vitesse, et l'on pourrait encore indiquer d'autres avantages que les éditeurs de musique typographiée peuvent apprécier.

Voilà dans un petit nombre de pages, l'analyse des principaux systèmes de notation musicale, et l'exposé du *Système simplifié*.

La première partie renferme tout ce qui a été proposé pour remplacer le système usité, et il en résulte que malgré tous ces projets de réforme, le système ancien est encore à réformer, parce qu'on n'a pas trouvé la résolution du problème.

Dans la seconde partie il y a les traces des améliorations qu'on peut faire à chaque branche du système musicographique usité, sans s'éloigner de ce qui est connu : un perfectionnement est quelquefois préférable à une réforme. Cependant l'examen d'un nouveau principe fera l'objet de la troisième partie de cet ouvrage.

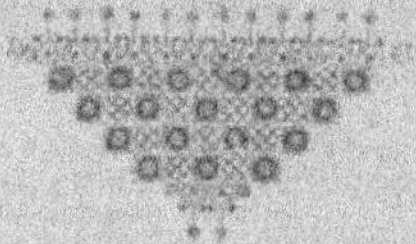

NOTE.

J'ai dit précédemment que les innovations que je propose sont indépendantes les unes des autres, et que l'on peut adopter exclusivement ce qui sera jugé plus avantageux.

Je ne doute pas que les routiniers, malgré la simplicité des innovations, puissent trouver plus de facilité dans le système qu'ils ont appris par de longues années d'études, que dans celui qui leur présente la difficulté d'une nouvelle pratique ; mais je pense qu'il n'en est pas ainsi pour ceux qui voudront comparer les deux systèmes, et non pas la nature de l'un avec la routine acquise de l'autre. Il y a d'ailleurs des innovations qui peuvent être agréables aux praticiens mêmes : je vais en citer un exemple.

Les notes, disent-ils, qui sont dans la portée sont très-distinctes, et très-faciles à retenir, les notes *supplémentaires* seulement sont quelquefois très-compliquées et peu évidentes à cause du nombre des lignes *d'emprunt;* c'est pour cette raison qu'on a pris l'habitude de marquer 8[ve]....., ou bien de changer de clé dans la même ligne; par ce moyen, l'on évite un inconvénient pour retomber dans un autre. S'il en est ainsi, le *Système simplifié* se prête à trancher cette difficulté; qu'on laisse la portée de cinq lignes, qu'on donne ensuite la nouvelle disposition aux notes au-dessus et au-dessous de la portée, l'on aura la simplicité et l'évidence des notes *supplémentaires;* l'on aura de plus, pour ces notes-là, l'avantage de la ressemblance de positon des octaves.

Voyez la figure 4, 2e planche, pour le degré de simplicité des *notes additionnelles*.

EXPLICATION DES PLANCHES.

PREMIÈRE PLANCHE.

Tableau comparatif des principaux systèmes de notation musicale proposés depuis le 16e siècle.

SYSTÈMES DIATONIQUES.

Fig. 1. Système de Sauveur (Paris, 1701).
Classe *Diatonique*. Genre *Monolinéaire*. Espèce *Multiforme*.

Fig. 2. Système de Demotz de la Salle (Paris, 1728).
Diatonique. *Monolinéaire*. *Multiforme*.

Fig. 3. Système de la Sallette (Paris, 1805).
Diatonique. *Monolinéaire*. *Alphabetique*.

Fig. 4. Système de J.-J. Rousseau (Paris, 1742).
Diatonique. *Monolinéaire*. *Numerique*.

FIG. 5. Sténographie musicale de ROMANÒ (Milan, 1842).
Diatonique. Monolinéaire. Multiforme.

FIG. 6. Sténographie musicale de RAMBURES (Paris, 1845).
Diatonique. Monolinéaire. Bizarre.

FIG. 7. Sténographie musicale de Hipp. PRÉVOST (Paris, 1833).
Diatonique. Multilinéaire. Bizarre.

Ce système diffère de tous les autres en ce que les notes ne sont pas *absolues*, mais *relatives* comme dans le système des Grecs modernes. Cet ouvrage a été traduit en italien et en allemand.

FIG. 8. Système de J. RAYMOND (Paris, 1843).
Diatonique. Monolinéaire ascendant. *Soliforme.*

SYSTÈMES CHROMATIQUES.

FIG. 9. Sténographie musicale de BERTINI (Paris, 1812).
Classe *Chromatique*. Genre *Amphibie*. Espèce *Bizarre.*

FIG. 10. Système du général BLEIN (Paris, 1858).
Chromatique. Multilinéaire. Soliforme.

FIG. 11. Système de GAMBALE (Milan, 1841).
Chromatique. Multilinéaire. Soliforme.

FIG. 12. Tableau comparatif des *Valeurs* du système de Guido, de ROUSSEAU et de GAMBALE ; les exemples *A* et *B* ne peuvent être exprimés d'après la nouvelle méthode. (Voir Ire Partie, Chapitre XI. *Explication des valeurs*, de GAMBALE.

Dans la 1re planche, j'ai réuni en abrégé les principaux systèmes de notation et de sténographie musicale pour satisfaire à la curiosité du lecteur et pour faciliter les études à ceux qui voudraient s'occuper de musicographie. On fera toujours mieux en voyant ce que les autres ont fait, ou du moins on ne répètera plus les mêmes fautes. Les accidents, les clés, les valeurs et les signes accessoires, n'ont pas été rapportés dans ce tableau parce qu'ils n'ont rien de remarquable à l'exception des *valeurs* de J.-J. Rousseau et de Gambale, qui diffèrent des autres par leur nature, et des valeurs de Romanò, qui diffèrent par leur forme (1re planche, fig. 5 et 12).

DEUXIÈME PLANCHE.

Tableau comparatif du système usité et du système simplifié.

FIG. 1. Position des notes et étendue du clavier des deux systèmes.

FIG. 2. Accidents, clés, valeurs, pauses, indication des mesures.

FIG. 3. Exemple de la ressemblance de position des octaves.

FIG. 4. Exemple des *lignes additionnelles*.

FIG. 5. Exemple de la multiplicité des accidents : La *notation constante* des accidents dont la clé est armée rend inutile les bécarres.

FIG. 6. Exemple des notes d'agrément.

FIG. 7. Exemple de valeurs inégales : Morceau de musique pour piano sans *notation constante* des accidents de la clé.

TABLE

DES MATIÈRES.

Nouveau Système.

Analyse des Systèmes anciens

Système simplifié. — 1er Essai.

FIN.

ERRATA.

Page 29, ligne 12 : raisonné, moins praticable, *lisez* raisonné, *mais* moins praticable.

Lisez partout : SEIZIÈME *au lieu de* sixième siècle.

PLAN

Tableau comparatif des principau

Systèmes Diatoniques.

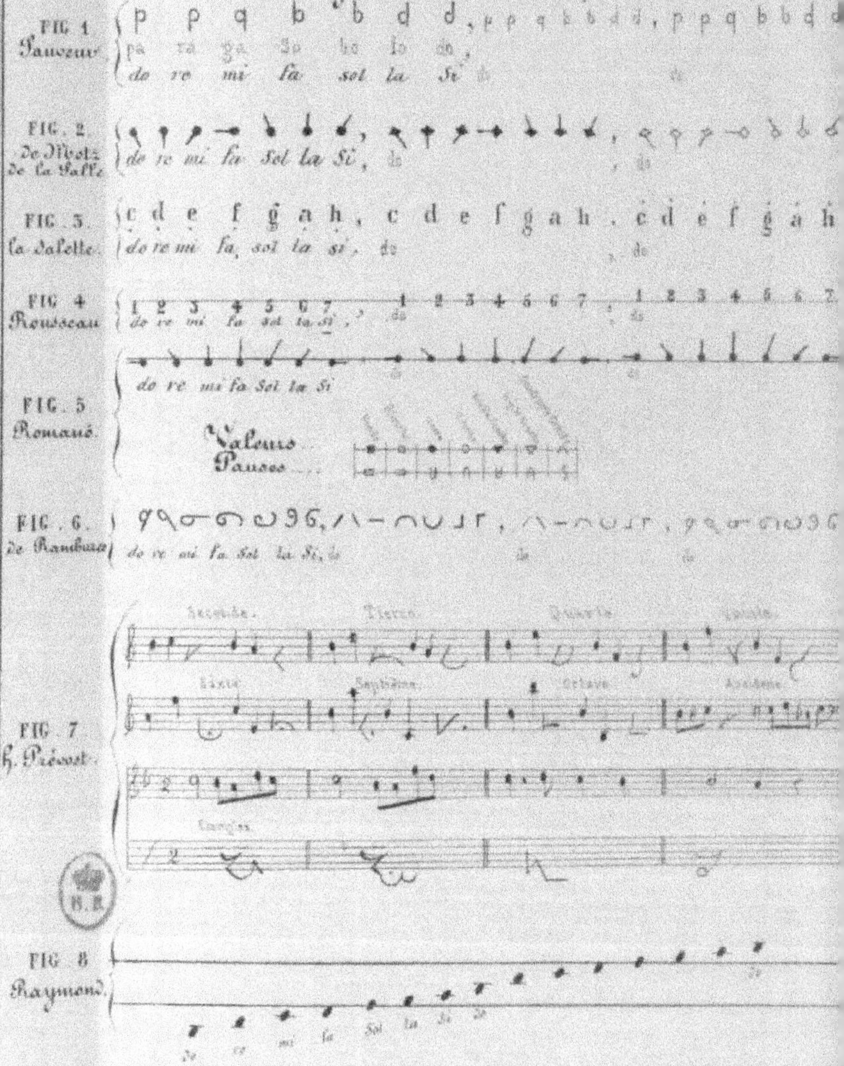

FIG. 1. Sauveur.

pa ra ga so bo lo do,

do re mi fa sol la si

FIG. 2. De Mostz de la Salle

do re mi fa sol la si,

FIG. 3. La Salette.

c d e f g a h, c d e f g a h, c d e f g a h

do re mi fa, sol la si,

FIG. 4. Rousseau

1 2 3 4 5 6 7, 1 2 3 4 5 6 7, 1 2 3 4 5 6 7

do re mi fa sol la si,

FIG. 5. Romanó.

do re mi fa sol la si

Valeurs

Pauses

FIG. 6. de Rambure

do re mi fa sol la si,

FIG. 7. h. Prévost.

Seconde. Tierce. Quarte. Quinte.

Sixte. Septième. Octave. Accidents.

FIG. 8. Raymond.

do re mi fa sol la si do

B.R.

E 1.

Systèmes de notation Musicale

Systèmes Chromatiques.

FIG. 9. Bertini.

do dorre ré ré# mi fa fa# sol sol# la la# si

Echelle

FIG. 10. Blein.

do do# re re# mi fa fa# sol sol# la la# si do

Portée pour le Chant

FIG. 11. Gambale.

Portée pour les Instruments

do do# re re# mi fa fa# sol sol# la la# si do

Valeurs Egales.

FIG. 12

Guido

Rousseau

Gambale

Valeurs Inégales.

A. B.

Fig. 5.
Fig. 6.
Fig. 7.

TABLEAU COMPARATIF DES DEUX SYSTÈMES.

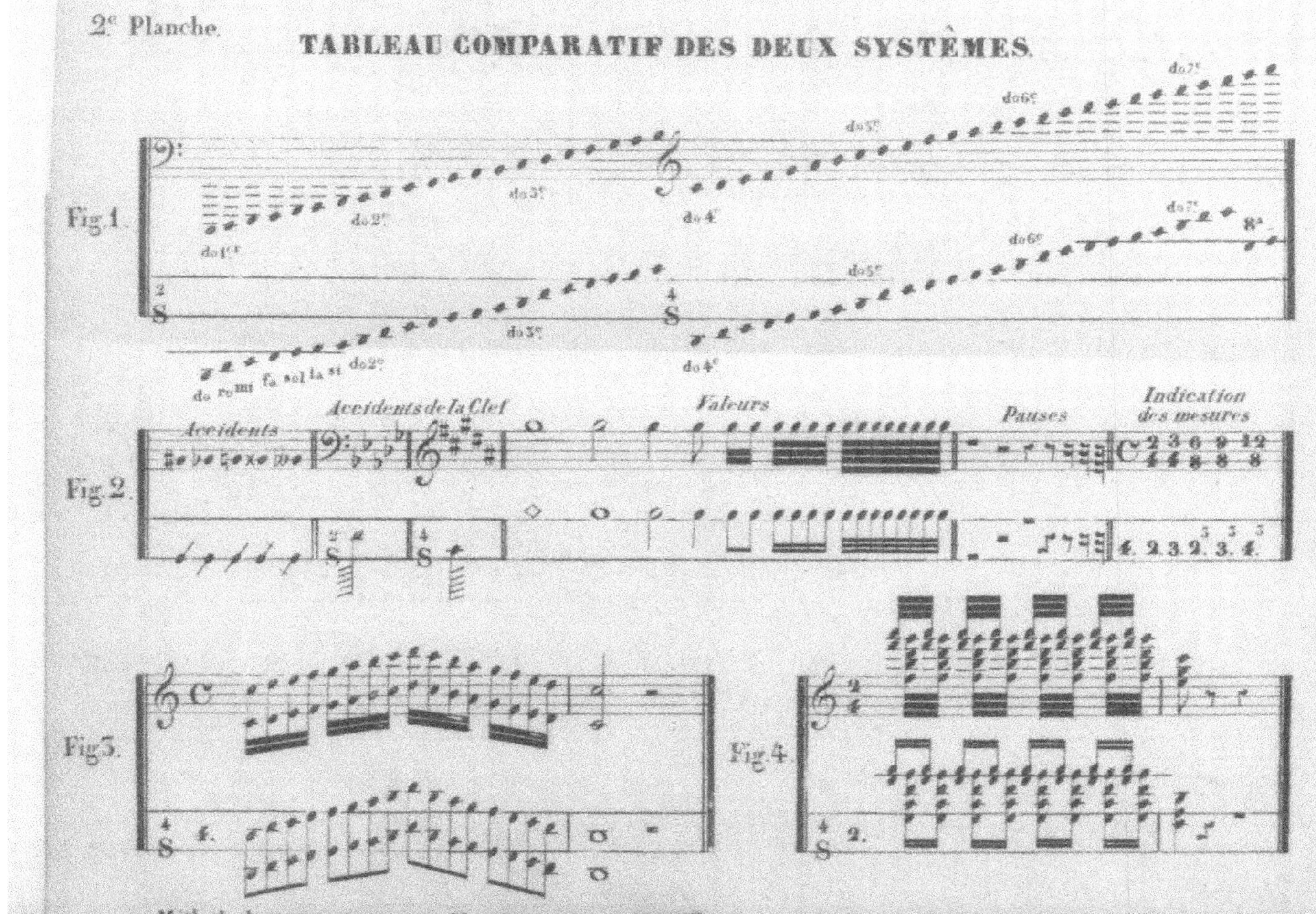

Méthode de HENRI HERZ page 63.

www.ingramcontent.com/pod-product-compliance
Ingram Content Group UK Ltd.
Pitfield, Milton Keynes, MK11 3LW, UK
UKHW021546260726
13993UKWH00002B/670

9 782329 235363